# JORGE BUCAY

# EL CAMINO DE LA FELICI-DAD

**OCEANO** exprés

*A los que amo y me aman*
*sin dependencia.*
*A los que no temen que los caminos nos separen*
*porque saben de los reencuentros.*
*A los que quieren ser felices...*
*a pesar de todo.*

# Índice

Hojas de ruta, 11
La alegoría del carruaje IV, 13

Palabras iniciales, 17
Los tres caminos previos:
    autodependencia, amor y duelo, 23
¿Qué es la felicidad?, 43
Algunos desvíos, 73
Retomar el camino, 111
Bienestar, psicología y felicidad, 149
¿Y después qué?, 179

Epílogo, 193


*Notas*, 195

*Bibliografía*, 197

# Hojas de ruta

*Seguramente* hay un rumbo
*posiblemente*
*y de muchas maneras*
personal y único.

*Posiblemente* haya un rumbo
*seguramente*
y de muchas *maneras*
el mismo para todos.

*Hay un rumbo seguro*
*y de alguna manera posible.*

De *manera* que habrá que encontrar ese rumbo y empezar a recorrerlo. Y *posiblemente* habrá que arrancar solo y sorprenderse al encontrar, más adelante en el camino, a todos los que *seguramente* van en la misma dirección.

Este rumbo último, solitario, personal y definitivo, sería bueno no olvidarlo, es nuestro puente hacia los demás, el único punto de conexión que nos une irremediablemente al mundo de lo que es.

Llamemos al destino final como cada uno quiera: felicidad, autorrealización, elevación, iluminación, darse cuenta, paz, éxito, cima, o simplemente final... lo mismo da. Todos sabemos que arribar con bien allí es nuestro desafío.

Habrá quienes se pierdan en el trayecto y se condenen a llegar un poco tarde y habrá también quienes encuentren un atajo y se transformen en expertos guías para los demás.

Algunos de estos guías me han enseñado que hay muchas formas de llegar, infinitos accesos, miles de maneras, decenas de rutas que nos llevan por el rumbo correcto. Caminos que transitaremos uno por uno.

Sin embargo, hay algunos caminos que forman parte de todas las rutas trazadas.

Caminos que no se pueden esquivar.

Caminos que habrá que recorrer si uno pretende seguir.

Caminos donde aprenderemos lo que es imprescindible saber para acceder al último tramo.

Para mí estos caminos inevitables son cuatro:

El *primero*, el camino del encuentro definitivo con uno mismo, que yo llamo *El camino de la autodependencia*.

El *segundo*, el camino del encuentro con el otro, del amor y del sexo, que llamo *El camino del encuentro*.

El *tercero*, el camino de las pérdidas y de los duelos, que llamo *El camino de las lágrimas*.

El *cuarto* y *último*, el camino de la completud y de la búsqueda del sentido, que llamo *El camino de la felicidad*.

A lo largo de mi propio viaje he vivido consultando los apuntes que otros dejaron de sus viajes y he usado parte de mi tiempo en trazar mis propios mapas del recorrido.

Mis mapas de estos cuatro caminos se constituyeron en estos años en hojas de ruta que me ayudaron a retomar el rumbo cada vez que me perdía.

Quizá mis libros puedan servir a algunos de los que, como yo, suelen perder el rumbo, y quizá, también, a aquellos que sean capaces de encontrar atajos. De todas maneras, el mapa nunca es el territorio y habrá que ir corrigiendo el recorrido cada vez que nuestra propia experiencia encuentre un error del cartógrafo. Sólo así llegaremos a la cima.

Ojalá nos encontremos allí.

Querrá decir que ustedes han llegado.

Querrá decir que lo conseguí también yo.

*Jorge Bucay*

# La alegoría del carruaje IV

Adelante el sendero se abre en abanico.

Por lo menos cinco rumbos diferentes se me ofrecen.

Ninguno pretende ser el elegido, sólo están allí.

Un anciano está sentado sobre una piedra, en la encrucijada.

Me animo a preguntar:

–¿En qué dirección, anciano?

–Depende de lo que busques —me contesta sin moverse.

–Quiero ser feliz —le digo.

–Cualquiera de estos caminos te puede llevar en esa dirección.

Me sorprendo:

–Entonces... ¿da lo mismo?

–No.

–Tú dijiste...

–No. Yo no dije que cualquiera te llevaría; dije que cualquiera puede ser el que te lleve.

–No entiendo.

–Te llevará el que elijas, si eliges correctamente.

–¿Y cuál es el camino correcto?

El anciano se queda en silencio.

Comprendo que no hay respuesta a mi pregunta.

Decido cambiarla por otras:

–¿Cómo podré elegir con sabiduría? ¿Qué debo hacer para no equivocarme?

Esta vez el anciano contesta:

–No preguntes... No preguntes.

Allí están los caminos.

Sé que es una decisión importante. No puedo equivocarme...

El cochero me habla al oído, propone el sendero de la derecha.

Los caballos parecen querer tomar el escarpado camino de la izquierda.

El carruaje tiende a deslizarse en pendiente, recto, hacia el frente.

Y yo, el pasajero, creo que sería mejor tomar el pequeño caminito elevado del costado.

Todos somos uno y, sin embargo, estamos en problemas.

Un instante después veo cómo, muy despacio, por primera vez con tanta claridad, el cochero, el carruaje y los caballos se funden en mí.

También el anciano deja de ser y se suma, se agregan los caminos recorridos hasta aquí y cada una de las personas que conocí.

No soy nada de eso, pero lo incluyo todo.

Soy yo el que ahora, completo, debe decidir el camino.

Me siento en el lugar que ocupaba el anciano y me tomo un tiempo, simplemente el tiempo que necesito para tomar esa decisión.

Sin urgencias. No quiero adivinar, quiero elegir.

Llueve.

Me doy cuenta de que no me gusta cuando llueve.

Tampoco me gustaría que no lloviera nunca.

Parece que quiero que llueva solamente cuando tengo ganas.

Y, sin embargo, no estoy muy seguro de querer verdaderamente eso.

Creo que sólo asisto a mi fastidio, como si no fuera mío, como si yo no tuviera nada que ver.

De hecho no tengo nada que ver con la lluvia.

Pero es mío el fastidio, es mía la no aceptación, soy yo el que está molesto.

¿Es por mojarme?

No.

Estoy molesto porque me molesta la lluvia.

Llueve...

¿Debería apurarme?

No.

Más adelante también llueve.

Qué importa si las gotas me mojan un poco, importa el camino.

No importa llegar, importa el camino.

En realidad nada importa, sólo el camino.

# Palabras iniciales

> Una tarde, hace muchísimo tiempo,
> Dios convocó a una reunión. Estaba
> invitado un ejemplar de cada especie.
>
> Una vez reunidos, y después de es-
> cuchar muchas quejas, Dios soltó una
> sencilla pregunta: "¿Entonces, qué te
> gustaría ser?"; a la que cada uno res-
> pondió sin tapujos y a corazón abierto:
>
> La jirafa dijo que le gustaría ser
> un oso panda.
>
> El elefante pidió ser mosquito.
>
> El águila, serpiente.
>
> La liebre quiso ser tortuga, y la tor-
> tuga, golondrina.
>
> El león rogó ser gato.
>
> La nutria, carpincho.
>
> El caballo, orquídea.
>
> Y la ballena solicitó permiso para
> ser zorzal...
>
> Le llegó el turno al hombre, quien
> casualmente venía de recorrer el ca-
> mino de la verdad, hizo una pausa, y
> esclarecido exclamó:
>
> "Señor, yo quisiera ser... feliz."
>
> Vivi García, Me gustaría ser[1]

Nunca pensé que escribiría un libro con este título.

De hecho, me parece imposible que tú mismo lo estés leyendo. "El camino de la felicidad" suena tan cursi... parece sugerir que yo creo que hay *un* camino hacia la felicidad.

Tengo muchas disculpas que esgrimir, pero la principal es que en la serie *Hojas de ruta*, cada uno de los libros anteriores fue definido, desde el título, con el nombre de uno de los caminos a recorrer: el de la autodependencia, el del encuentro, el de las lágrimas... ¿Cuál podría haber sido el nombre de este camino final sino el de la autorrealización, el de la felicidad?

Sin embargo, quiero decirte desde el primer párrafo que de ninguna manera pienso que haya un único camino hacia la felicidad.

Y si lo hubiera, yo no lo conozco.

Y si lo conociera, no creo que pudiera describirse en un libro.

Me pasé la mayor parte del último decenio dictando conferencias sobre salud y psicología de la vida cotidiana; pero nunca noté, hasta el último año, lo poco que había hablado sobre el ser feliz. No había escrito nada sobre el tema. Al igual que muchas personas, había dedicado bastante tiempo a reflexionar acerca de la felicidad y, sin embargo, en mis conferencias, escritos y programas de televisión me ocupaba de otros asuntos que seguramente consideraba en ese momento más serios y que parecían por ello merecer más atención de mi parte.

¿Por qué descuidé la felicidad? Posiblemente lo consideré un tema ligero, más propio de las revistas "livianas" que lo enmarcan con fotos de gente linda posando entre paisajes soñados.

Claro que en lo personal siempre quise ser feliz, pero recuerdo haberme reprochado un artículo en el cual admitía este deseo. Para mí, como para casi todo el mundo, sostener "quiero ser feliz" era sinónimo de solicitar la patente de bobo, hueco o pobre de espíritu.

Desde mi formación científica y moral, hablar de felicidad suponía forzosamente grandilocuentes frases obvias, excesivamente románticas y llenas de lugares comunes.

Seguramente por todo eso el tema me pareció durante años un asunto del que debían ocuparse los separadores de libros, no los terapeutas de profesión y menos los escritores, ni siquiera los aficionados, como yo.

Sin embargo, la felicidad es un tema tan profundo y tan necesitado de estudio como lo son la dificultad de comunicación, la postura frente al amor o la muerte y la identidad religiosa (en efecto, temáticas para nada divorciadas del objeto de esta serie *Hojas de ruta*).

## El comienzo

En su libro *El hombre en busca del sentido*, el doctor Viktor Frankl —quien sobrevivió a los campos de concentración nazis— nos dice que si bien sus captores controlaban todos los aspectos de la vida de los reclusos, incluyendo si habrían de vivir, morir de inanición, ser torturados o enviados a los hornos crematorios, había algo que los nazis no podían controlar: cómo reaccionaba el recluso a todo esto.

Frankl dice que de esta reacción dependía en gran medida la misma supervivencia de los prisioneros.

Las personas son idénticamente diferentes; es decir, todas tienen dificultades y facilidades, pero la correspondencia es dispar; lo que para algunos es sencillísimo para otros es sumamente difícil y viceversa. Habrá quienes toquen el piano mejor y aprendan más rápido y otros que lo hagan peor aun que yo, pero *todos* seguramente, con algunas instrucciones y disciplina, podemos llegar a tocar el piano mejor de lo que lo hacemos ahora.

Y siguiendo esa idea del gran maestro vienés, me animo a asegurar que exactamente lo mismo sucede en el caso de la felicidad.

> *Todos, seguramente, podemos entrenarnos*
> *para ser más felices.*

No encuentro una relación forzosa entre las circunstancias de la vida de la gente y su nivel de felicidad. Si las circunstancias externas determinaran per se la felicidad, se trataría de un tema sencillo y no de un tema complejo; es decir, bastaría conocer las circunstancias externas de una persona para saber si es feliz.

Podríamos jugar a predecir la felicidad de acuerdo con dos sencillas evaluaciones:

Si a la persona le pasan buenas cosas ———————→ Es Feliz.
Si a la persona le pasan cosas malas ———————→ Es Infeliz.

De donde se podría llegar a la conclusión de que dada la azarosa distribución por lo menos de las malas cosas, ser feliz pasaría a ser un tema de mera coyuntura. Una deducción falsa e infantil o, peor todavía, malintencionadamente para esquivar responsabilidades.

Sin embargo, nada puede evitar que tarde o temprano debamos aceptar que nuestra felicidad es responsabilidad propia de cada uno; quizá la más trascendente de las responsabilidades puesto que su búsqueda no sólo es un objetivo de la especie humana, sino, además, uno de los rasgos que la definen.

Todos los hombres y mujeres del planeta deseamos ser felices, trabajamos para ello y tenemos derecho a conseguirlo.

Quizá más aún, estamos obligados a ir en pos de esa búsqueda.

## El factor F

Un sacerdote decía siempre a sus feligreses que ser desdichado es más fácil, mucho más fácil que ser feliz.

"Cuando me siento desdichado —aclaraba— me digo que estoy tomando la salida más sencilla, que estoy dejando que algunos hechos me alejen de Dios.

"La felicidad —explicaba— es algo por lo que debemos trabajar y no un mero sentimiento resultado de que nos ocurra algo bueno."

No puedo opinar sobre su planteamiento teologal, pero coincido en su propuesta de que *ser o no felices parece depender mucho más de nosotros mismos que de los hechos externos.*

Intentaré mostrar que cada uno es portador del principal —aunque no único— determinante de su nivel de felicidad. Un factor variable de individuo en individuo, y cambiante en diferentes etapas de una misma persona, al que voy a llamar, caprichosamente, "factor F".

Aun a riesgo de simplificarlo demasiado, lo defino básicamente como la suma de tres elementos principales:

I. *Cierto grado de control y conciencia del intercambio entre nosotros y el entorno.*

No puedo ser feliz si no me doy por enterado de mi activa participación en todo lo que me pasa.

II. *El desarrollo de una actitud mental que nos permita evitar el desaliento.*

No puedo ser feliz si siempre renuncio al camino ante la primera dificultad.

III. *El trabajo para alcanzar sabiduría.*

No puedo ser feliz si me refugio en la ignorancia de los que ni siquiera quieren saber que no saben.

Es obvio, pues, que este libro se centra más en la idea de la felicidad como actitud vital que en el análisis de la emoción subyacente.

Y me parece importante aclarar esto de entrada, cuando escucho que la mayoría de las personas hablan de la felicidad como si fuera un sinónimo de estar alegre, y yo estoy seguro de que no es así.

Esta última *Hoja de ruta* tiene como única motivación revisar juntos la numerosa combinación de aspectos que configuran los tres elementos de nuestro "factor F" y aprender qué podemos hacer para desarrollarlo.

# Los tres caminos previos: autodependencia, amor y duelo

*El arte de morir bien y el arte del bien vivir son uno.*

Epicuro

El budismo —explica el Dalai Lama— presta mucha atención a las actitudes que adoptamos ante nuestros enemigos porque el odio puede ser el mayor obstáculo para el desarrollo de la felicidad.

Ciertamente, para alguien que practica la espiritualidad, los enemigos juegan un papel crucial en su postura de vida.

Si seguimos esta línea de pensamiento, resulta evidente que para alcanzar una práctica cabal de amor y aceptación es indispensable el desarrollo de la paciencia y la tolerancia.

Si todos fuéramos capaces de aprender a ser pacientes y tolerantes con nuestros enemigos, el resto de las cosas resultaría mucho más fácil y tanto la compasión como el amor fluirían a partir de allí con toda naturalidad.

No hay fortaleza mayor que la paciencia.

No hay peor aflicción que el odio.

Había una vez un discípulo de un filósofo griego al que su maestro le ordenó que durante tres años entregara dinero a todo aquel que le insultara, una tarea relacionada con su actitud peleonera y prepotente.

Una vez superado ese periodo y cumplida la prueba, el maestro le dijo:

–Ahora puedes ir a Atenas y aprender sabiduría.

Al llegar allí, el discípulo vio a un sabio sentado a las puertas de la ciudad que se dedicaba a insultar a todo el que entraba o salía.

También insultó al discípulo...

Éste se echó a reir, mientras agradecía bajando la cabeza ante cada improperio.

–¿Por qué te ríes cuando te insulto? —le preguntó el sabio.

–Porque durante tres años he estado pagando por esto mismo que ahora tú me ofreces gratuitamente —contestó el discípulo.

–Entra en la ciudad —dijo el sabio—, es toda tuya...

Más que el valor del sufrimiento y la resistencia, lo que permitió al discípulo afrontar de un modo tan efectivo una situación difícil fue su capacidad para cambiar el punto de vista.

*La capacidad para cambiar la perspectiva es, sin duda, una de las herramientas más efectivas a nuestra disposición.*

Los caminos recorridos antes sirven justamente, y quizá únicamente, para poder cambiar la perspectiva que nuestra educación puede haber distorsionado.

Haber transitado estos caminos nos ha enseñado, de una vez y para siempre...

que dependemos en exclusividad de nosotros mismos,

que necesitamos de los demás pero de ningún otro específico para seguir el camino,

que podemos soportar y superar el dolor de la pérdida y el abandono,

en resumen:

*que nuestra vida es nuestra excluyente responsabilidad.*

Por ejemplo, cuando me doy cuenta del placer del encuentro, aprendo también que el estado de enamoramiento pasional pasa y que el tiempo forzosamente modifica la realidad y quienes somos frente a ella.

Desmond Morris, en su libro *El contrato animal*, describe los cambios normales que se producen en la necesidad de intimidad del ser humano. Sugiere que pasamos cíclicamente por cuatro fases:

Fase I: Acércate un poco más.
Fase II: Abrázame fuerte, te lo ruego.
Fase III: Afloja un poco, por favor.
Fase IV: ¡Déjame solo de una vez!

Y más allá del humor del planteamiento, en términos de mi propia posición respecto del amor, me gusta pensar que los afectos carcelarios no son buenos amores. Pero eso sólo se aprende después de encontrarse sin depender y admitiendo la posibilidad de las lágrimas.

Cuando consideré todo esto por primera vez, me pareció encontrar algo peor aun que el odio al que se refería el Dalai Lama: el apego a ciertas estructuras, la rigidez de conceptos y la intolerancia con los otros.

Después de leer más, me di cuenta de que toda mi lista no era otra cosa que una enumeración de maneras de disfrazar el odio.

Sabiendo por mi profesión que el amor y el odio no necesariamente se excluyen, sino que conviven muchas veces en vínculos ambivalentes, trabajo como terapeuta y docente defendiendo el valor del *encuentro*, del *compromiso* y del *desapego*, considerándolos tres pilares de nuestra salud mental.

Por eso, a veces digo que el gran desafío de ser persona es aprender dos cosas: aprender a entrar y aprender a salir.

ENTRAR

encuentro
y compromiso

SALIR

compromiso
y desapego

## Un tema interesante

> *La muerte es el único fenómeno que no
> ha sido corrompido por la sociedad. El
> hombre lo ha contaminado todo y sólo
> la muerte permanece aún virgen, sin
> corromper, sin ser tocada por las ma-
> nos de la gente. El hombre no puede
> poseerla ni comprenderla, no puede ha-
> cer una ciencia de ella; se encuentra
> tan perdido, que no sabe qué hacer
> con la muerte. Es por eso que la muerte
> es la única cosa esencialmente pura
> que queda ahora en el mundo.*
>
> Osho

La muerte, al igual que el amor, representa para todos un tema sin duda *interesante*. Digo *interés* en su sentido primigenio y olvidado: cuando la palabra nombra aquello que multiplica, aumenta, produce, es decir, aquello que es creador (aún decimos que el dinero genera *interés*).

No es que la muerte simplemente nos importe, sino que nos interesa en tanto se nos revela como productora, creadora y amplificadora de la vida.

La muerte nos coloca en un estado *interesante* de cara a la vida. Y desde allí la resignifica, la recrea.

Al experimentar una pérdida, nuestra vida se potencia, se vuelve más intensa.

Las pérdidas y el amor, en tanto *interesantes*, marcan profundamente nuestra vida y nos sitúan frente al otro.

> **Tanto el amor en cuanto vida,**
> **como la pérdida en cuanto muerte,**
> **necesitan uno del otro para poder ser.**

Cuando abandonamos la dependencia, cuando nos rodea el amor o nos enfrentamos a la idea de la muerte, hay una *transformación*, una inmensa mutación, un nuevo nacimiento, el parto de un nuevo ser. No se es nunca el mismo otra vez; la conciencia de la autodependencia, la idea de la finitud de las cosas y la inmensidad del amor nos ponen en situaciones límite, ya que son experiencias extremas en las que solemos darnos cuenta de la ausencia total de control externo e interno.

*Pero tendemos a depender en vez de amar. Y al no amar, no podemos experimentar el dolor de la muerte en forma genuina; sólo lamentamos la indefensión de la ausencia.*

Dice Gurdjieff:

Para vivir verdaderamente es necesario renacer.
Para renacer es imprescindible morir.
Y para morir es imprescindible despertar.

Alcanzar la vida plena es la sucesión de varios despertares a los que se llega por vía de lo que hemos llamado, en esta serie, *caminos*.

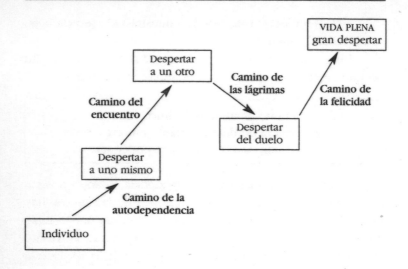

*Es necesaria la libertad de la autodependencia para experimentar el amor.*

*Es necesario el amor para experimentar el duelo de una pérdida.*

*Es necesario el dolor de la muerte para superarla.*

*Es necesario haber pasado por muchas muertes antes de encontrar el camino de la felicidad.*

Este esquema busca revelar, una vez más, el poder con que actúa el duelo sobre nuestras vidas.

Respecto del desarrollo cognitivo del individuo, la muerte tiene más trascendencia que el amor; es decir, la muerte aporta más que el amor al conocimiento de la vida. Y si bien es cierto que las pérdidas no necesitan ser deseadas, no es menos cierto que ellas estarán en nuestra ruta.

Pero no parece sensato desear la muerte para adquirir dicho conocimiento, es suficiente con despertar.

Cito pues, completando a Gurdjieff, a un periodista estadunidense llamado Ambrose Bierce:

Si quieres que tus sueños se vuelvan realidad, es necesario despertar.

Para Hegel, toda la historia de la humanidad tiene una dinámica dialéctica. La realidad es esencialmente contradictoria y la conciencia humana sólo puede captarla por partes y en fases sucesivas —despertares, diría yo. La realidad no existe toda a un tiempo ni es conocida por entero en un solo momento, sino que *va siendo* a lo largo del tiempo. Fundamentalmente, el *conocimiento* y la *realidad* son una misma cosa, un movimiento hacia un punto final, el absoluto, que no es meramente el término, sino *el todo, el ser que se completa mediante su evolución.*

El movimiento dialéctico es descrito por Hegel como un proceso de fases —o momentos de la dialéctica— que han recibido corrientemente los nombres de *tesis, antítesis* y *síntesis.* La tesis es la afirmación de algo; la negación o antítesis supone un contraste a la vez que un conflicto. El empuje dialéctico lleva a una visión de conjunto, a un tercer momento de mediación o intento de solución de la contradicción. Todo acaba en una nueva posición, que asume y, a la vez, supera el punto de partida inicial, con lo que de nuevo puede iniciarse el proceso dialéctico.

El proceso ha de acabar en la comprensión total de la realidad y del sí mismo como un saber completo, absoluto, sin conflicto. En el punto culminante, de síntesis (¿felicidad?), las contradicciones se han superado y los momentos que nos han permitido llegar hasta esta nueva instancia se nos revelan desde ahora como necesarios.

Miramos hacia atrás y nos damos cuenta de que los momentos que hubiéramos deseado que nunca sucedieran nos han hecho llegar hasta la satisfacción absoluta en que nos encontramos.

*Tesis*: encuentro con uno y con otros. Amor.

*Antítesis*: muerte, separación, pérdida.

*Síntesis*: felicidad, etapa absoluta, completud del individuo.

> **Las dificultades se nos revelan, pues, como etapas positivas de la vida, ya que son ellas las que nos permiten llegar a la felicidad.**

A menudo creemos que el conflicto y la frustración significan la *pérdida de la felicidad*. Pero esto sólo es cierto si se identifica la felicidad con la postura infantil de la vida manejada por el deseo de satisfacción infinita del principio del placer.

*Las pérdidas traen siempre aparejada una crisis en el individuo, pero no necesariamente una pérdida de la felicidad.*

La palabra *crisis*—siempre lo digo— es un término asociado injustamente con la negatividad. Tal vez esto se deba a que *crisis* significa básicamente *cambio*, y nuestra sociedad teme al cambio, prefiere mantenerse en el confort de la estabilidad.

Lo diferente es temido y rechazado.

Sin embargo, avanzar es siempre dejar atrás lo que ya no *es* y enfrentarse con otra cosa.

> **El único temor que me gustaría que sintieras frente a un cambio es el de ser incapaz de cambiar con él; creerte atado a lo muerto, seguir con lo anterior, permanecer igual.**

Occidente cree que la vida es corta. Se dice que desde el nacimiento a cada momento nos acercamos un poco más a la muerte y esto crea tensión, angustia, ansiedad.

Todas las comodidades, todos los lujos, todas las riquezas pierden el sentido, porque no podemos llevarlas al más allá junto con nosotros. En Occidente se va solo hacia la muerte.

Oriente, en cambio, está más relajado. Primero, porque no le da tamaña importancia a la muerte; es solamente un cambio de forma. Segundo, porque al no haber final (sino cambio) puede estar distendido y consciente de sus riquezas interiores que se irán con uno adonde vaya, incluso más allá de la vida. La muerte no puede llevárselas.

Dice un proverbio sufí:

Lo único que de verdad tienes es aquello que no podrías perder en un naufragio.

## Mors janua vitae

Esta frase latina —*la muerte es la puerta de la vida*— merece una reflexión.

En la antigüedad, nacimiento y muerte se fundían en el concepto de *iniciación*, un encuentro importantísimo, un momento crucial, de cara a lo social.

El nacimiento y la muerte no eran términos separados y se resignificaban el uno en el otro para hacer del iniciado un verdadero ser socialmente aceptable.

El no iniciado había nacido sólo biológicamente, tenía únicamente un padre y una madre *físicos*. Para convertirse en un ser *vivo* para la *sociedad* debía pasar por el acontecimiento simbólico de la *muerte* iniciática y el re-*nacimiento* a su nueva vida.

Yo mismo hago una aclaración similar cuando separo los conceptos *individuo* y *persona*.

En Oriente, la muerte no significaba el final sino tan sólo la culminación de *una* vida, un clímax: el ser no se acaba, es transportado a otro cuerpo, a otra vida, a su nuevo lugar.

En la tradición budista e hindú, esta noción ocupa un lugar fundamental. El término *samsâra*, que significa "dar vueltas", representa la transmigración de las almas en el seno del ciclo infinito de encarnaciones sucesivas. Según esta creencia, todos los seres vivos renacen continuamente cambiando su destino y sus diversas formas de existencia en función de los actos de las vidas anteriores. Tal concepción es utilizada por la mayoría de las creencias de Oriente para sostener la idea de la liberación del alma mediante esta cadena de reencarnaciones y alcanzar así la salvación.

Dichas culturas tienen una disposición a resolver el problema del dolor de sus miembros por medio de rituales y ceremonias, a través de espacios para elaborar la pérdida y la frustración con un gran soporte social, pero nunca escapando del sufrir como si fuera algo nefasto.

Platón, que también de alguna manera sostenía esta creencia, decía que la muerte debía entenderse como la liberación del alma de la cárcel corporal: las sucesivas reencarnaciones permiten la purificación de las almas antes de poder reintegrarse plenamente al mundo de las ideas, lugar donde se da finalmente la posesión de la sabiduría.

Estas ideas, como es lógico que suceda, aparecen solidariamente ligadas a una *concepción cíclica del tiempo*, en la cual no se propone definición de principio ni de fin.

En la Edad Media, la teología se impuso a la filosofía; la nueva función de ésta quedó transitoriamente relegada a explicar desde la razón a la primera. La lectura e interpretación de la Biblia jugaban un papel fundamental en este periodo marcando una única concepción del tiempo. No había ciclos sino linealidad.

Los místicos medievales hablaban mucho de muerte, es verdad, pero lo hacían mientras pensaban en la vida eterna. Estos hombres buscaban la unión con Dios, la cual suponía un *morir para vivir eternamente* en lo buscado. Se perseguía la eternidad *por amor*, suponiendo que lo amado sólo sería alcanzado después de la muerte.

El punto máximo del amor era coincidente con la muerte.

El cuerpo del místico moría y su alma pasaba a la inmortalidad formando parte de Dios.

Las doctrinas dualistas y religiosas, más que asumir la muerte como negación de la vida, lo que hicieron fue menospreciar esta última convirtiéndola en meramente corporal y declarándola sólo un "tránsito" hacia otra forma de vida. Es decir, en lugar de pensar la muerte trataron de teorizar la resurrección. Resurrección que mucho después, en la modernidad, se vería afectada por el surgimiento y la hegemonía de las disciplinas científicas.

La psicología nos ha explicado que el nacimiento, en cuanto suceso individual irreversible y traumático, se parece bastante a la muerte. Analizado desde este ángulo, se puede comprender que el cristianismo y muchas religiones hayan intentado desde su origen circunscribir de alguna manera ese suceso *mortal* que es el nacimiento, mediante un sacramento iniciático colectivo: el bautismo.

*Para los dioses, la muerte no es más que un prejuicio.*
Nietzsche

Últimamente se han producido hechos contradictorios alrededor del tema de la muerte. Por el lado del aspecto más comercial, todo parece florecer alrededor de los difuntos: se ha multiplicado la cantidad de velatorios, de servicios y de cementerios que compiten entre sí por los espacios de publicidad en todos los medios. Por el lado social, el diálogo sobre el morir prácticamente se ha suprimido.

Lo malo es que todo esto implica un gran error, porque así como en la vida encontramos el significado de la existencia, en la muerte podemos y debemos encontrar un significado adicional a la vida.

> Si el amor nos ayuda a discriminar el odio,
> la muerte nos muestra el valor de la vida.

Sin conciencia de nuestra finitud, postergaríamos todo para otro momento. El convencimiento de nuestra muerte nos impulsa a trabajar, a hacer, a producir, sin posponer inútilmente nuestro destino.

Y no sólo me refiero a la muerte individual. Sabemos hoy que también se extinguen las especies (a pesar de Darwin), desaparecen las razas y mueren los pueblos. Y lo más angustiante quizá sea que muchas veces debemos admitir que la desaparición de una especie no se debió solamente a una persecución o una exclusión externa consecuencia de un cambio en las condiciones de vida, sino ocasionalmente al agotamiento de los agentes vitales que desde el interior dirigen la especie.

*Si la búsqueda de la felicidad, como dijimos, le da un sentido último y compartido a la existencia de las personas, la presencia de la muerte nos pone a todos frente a la enorme responsabilidad de hacer de la defensa de la vida el sentido mismo de dicha existencia.*

La vida cobra sentido en cuanto se revela como un tránsito, y ese tránsito en lo humano es un camino necesariamente amoroso. El amor marca al individuo, aunque la muerte parece hacerlo aún más, dado que se puede vivir sin amar pero no sin muerte.

Si se sacara de la vida el placer, se podría aunque no fuera más que sobrevivir. En cambio, si se pretendiera esquivar todo dolor, toda muerte, en ese escape evitaríamos también la vida.

El amor y el duelo me ponen frente a lo más propio de mí: la capacidad de aprendizaje.

> Amor y dolor son en sí mismos los disparadores
> fundamentales que ofrece el vivir.
> Ambos son acción, efecto, motivación y resultado
> del desarrollo del individuo.

## Estamos hechos para buscar la felicidad

Es evidente que los sentimientos de amor, afecto, intimidad y solidaridad coexisten casi siempre con mayores niveles de felicidad. No sólo poseemos el potencial necesario para amar, sino que, como dije en *El camino del encuentro*,[1] la naturaleza básica o fundamental de los seres humanos es el amor mismo.

La ira, la agresividad y la violencia pueden surgir, pero se producen cuando no soportamos ser frustrados en nuestro intento de conseguir ser amados, apreciados, reconocidos o valorados. Aquellas emociones no son, pues, parte de nuestra naturaleza saludable, sino más bien subproductos tóxicos de la degradación de la tendencia amorosa innata.

> La humanidad tardará mucho o poco tiempo
> en saberlo, pero tarde o temprano comprenderá
> que así como el hombre aprende a renunciar
> a ciertos alimentos que lo dañan,
> debe también aprender a renunciar
> a ciertas emociones que lo perjudican.

Revisar nuestros presupuestos sobre la naturaleza fundamental de los seres humanos, pasando de lo competitivo a lo cooperativo, abre nuevas posibilidades para todos.

El niño recién nacido sirve como ejemplo perfecto y prueba de esta teoría. En el momento de nacer —supone la psicología clásica— tiene una sola cosa en su mente: la satisfacción de sus propias necesidades y su bienestar individual.

Sin embargo, si dejamos de lado este supuesto y nos dedicamos a observar a un niño recién nacido y a los que lo rodean, en los primeros momentos veremos que el bebé está aportando, por lo menos, tanto placer como el que recibe.

Muchos biólogos vienen sosteniendo que los cachorros de todas las especies están biológicamente programados para reconocer y responder siguiendo una pauta biológica profundamente enraizada que provoca comportamientos bondadosos, tiernos y atentos en el cuidador, comportamientos que a su vez también son instintivos. Son muy pocas las personas que no experimentan un verdadero placer cuando un bebé las mira y les sonríe. Bien podría sostenerse que éste es un recurso de la naturaleza para que aumente la oportunidad de un recién nacido de ser cuidado y atendido tanto como necesita para su supervivencia.

Este ser que muchas veces solemos describir como un tirano egoísta y exigente, más bien parece una criatura dotada de un mecanismo diseñado para seducir y complacer a los demás.

Por supuesto que en este camino vamos abandonando la noción hegeliana del amo y el esclavo para concluir que la humanidad está diseñada desde el amor y no desde la agresión. Parece fácil desde aquí demostrar la naturaleza bondadosa y generosa de los seres humanos con el sencillo argumento de que el niño nace ya con una capacidad innata para aportar placer a otro, a la persona que lo cuida.

Si pudiéramos centrarnos en este análisis de los hechos, nuestra relación con el mundo que nos rodea cambiaría inmediatamente.

*Ver a los demás con ternura nos permite relajarnos, confiar, sentirnos a gusto y ser más felices.*

Me pregunto entonces: ¿cómo no sentir ternura si, aunque sea por un instante, consigo imaginarme al bebé que cada uno de mis más detestados adversarios fue en algún momento?

## Todos somos semejantes

Siempre he creído que todos somos iguales, seres humanos en proceso de volvernos personas, al decir de Carl Rogers. Pero es cierto que cuando ponemos el acento en nuestras diferencias, aparecen algunos obstáculos y la comunicación corre riesgo de terminar en desencuentros.

Claro que hay grandes diferencias entre nosotros: el bagaje cultural, el estilo de vida, las discrepancias en nuestra fe y hasta el color de nuestra piel.

Y sin embargo... tenemos básicamente la misma estructura física, la misma naturaleza emocional y, en gran medida —si despreciamos algunos matices—, más o menos la misma historia biográfica.

En suma, nos pasan, nos han pasado y nos seguirán pasando a *todos* las mismas cosas, que por otra parte —sostengo— son las mismas que les han pasado a nuestros abuelos y a los abuelos de nuestros abuelos por los tiempos de los tiempos.

Posiblemente por eso, cada vez que conozco a alguien tengo la sensación de que me encuentro con alguien como yo, y este pensamiento ha operado como un gran asistente en mi profesión, porque siempre es más fácil empezar a comunicarse cuando el otro es un semejante.

Por supuesto, repito, *somos diferentes*, pero estas diferencias NO nos separan.

Y no sólo no lo hacen, sino que validan el sentido del encuentro y alientan nuestro crecimiento por vía del aprendizaje, dado que sólo se aprende de lo diferente.

Con alguien que sólo sepa lo que yo sé y con quien acuerde en cada detalle, podré comunicarme fácilmente, compartir ideas y experiencias, pero poco y nada podré aprender en esa relación.

## Felicidad y razón

Es innegable que las personas deben usar su mente si desean ser felices; pero el hecho de que el pensamiento y la inteligencia sean esenciales para comprender la felicidad no implica, de ninguna manera, que gozar de la capacidad intelectual de los genios ofrezca mejores posibilidades de ser feliz.

No obstante, necesitamos la conciencia de que vivir plenamente exige un grado mínimo de reflexión, la disciplina para superar nuestra natural inclinación a la urgencia hedonista y la sabiduría de interrogarnos y responder, sinceramente, a la pregunta:

*¿Soy feliz haciendo esto que hago?*

Obviamente, esta interrogante conlleva la necesidad de una definición previa:

¿Existe la felicidad?

¿Es una realidad o una ficción?

¿Es un mito, como dijo alguna vez la gran Tita Merello?

¿Es sentir amor, como cantaba Palito Ortega?

Una vez escuché a un cínico (en el sentido filosófico) sostener que la *felicidad* era una palabra inventada por algunos poetas para que rime con *amistad* y *eternidad*.

La cita, más allá del contenido, plantea una propuesta bastante complicada, significativa y no poco trascendente. Porque sobre el significado de la felicidad —al igual que sobre algunos otros conceptos— es necesario tener una posición tomada.

No creo que haga falta tener una definición clara sobre todas las cosas, pero hay por lo menos cinco cosas sobre las cuales un individuo en proceso de crecimiento debería definir su posición; una postura mínima de resolución, un enfoque claro, una decisión tomada; no importa si es ésta, aquélla, la de enfrente o la otra, importa que sea la propia, la conozca y la defienda coherentemente en sus acciones.

Cuando estoy en una charla con colegas, siempre digo que un buen terapeuta no es alguien que deba tener *todo resuelto*, pero *sí* es alguien que debería haber resuelto esas cuatro o cinco cosas importantes, aquéllas en las que seguramente sus pacientes o sus consultantes van a tener problemas, muchas veces serios.

En cuanto al resto de las cosas, quizá su postura no sea fundamental. *Pero para trabajar en salud mental, repito, estas pocas cosas puntuales deben estar resueltas o, por lo menos, claramente acomodadas.*

Déjame desarrollar la idea tomando una de ellas como ejemplo: *la relación con los padres.*

Si cualquier persona no tiene resuelto este tema, está en problemas; pero si pretende dedicarse a ser terapeuta, su problema garantiza una complicación para alguien más.

¿Qué quiere decir *tenerlo resuelto*? En este caso quiere decir *fuera del punto de conflicto.*

La resolución —que puede ser tan detestable como: "no los quiero ver nunca más"— no me parece trascendental, pero debe estar tomada sincera y comprometidamente.

Para graficar lo contrario (*no* tener resuelta la relación con los padres) incluiría los siguientes planteamientos: ¿los mato o los salvo? ¿Los voy a ver o no los veo nunca más? ¿Los quiero o los odio? ¿Las dos cosas o ninguna?

Y esto es lo que no sirve.

Es en este sentido que vale la pena preguntarse:

### ¿Qué significa para mí la felicidad?

Fíjate que lo importante no es definir la felicidad de todos, ni qué debe significar para los demás. Lo importante, lo imprescindible —me siento tentado de decir *lo urgente*—, es decidir qué significa la felicidad para cada uno.[2]

En este libro no intento describir LA posición que hay que tener, sino UNA posición, que incidentalmente es la mía.

En especial, porque sobre el significado de la felicidad no se puede legislar. Cuando uno intenta llegar a algún lugar, transitar un espacio, muchas veces se ocupa de buscar las propias maneras. En mi caso, cuando advertí que no podía definirme respecto de la *felicidad*, empecé a ocuparme del asunto con más inquietud, y dediqué más tiempo a pensar este punto hasta encontrar, por fin, una posición que fuera coherente y armónica con el resto de mis ideas.

Tú tendrás que buscar la propia, seguramente. Y es casi predecible que no coincidamos.

De todos modos, compartir las reflexiones de mi itinerario tal vez pueda servir para aclarar puntos oscuros en las rutas que te hayas trazado (mi necesidad de ser útil se conforma con algún punto de contacto).

No es otra la idea que motiva este libro.

Porque lo que importa es ir en pos de una respuesta.

¿Y no sería mejor esperar que la vida me la acerque?

Lo que importa a la hora de encontrar respuestas es —me parece a mí— relacionarse con la duda en lugar de intentar escapar de ella; ir hacia el conflicto; buscar una salida aun sabiendo que ésta será la puerta de entrada a nuevas dudas, y así hasta el infinito.

"Ir hacia" nos lleva, como definición, a una palabra que tiene cientos de significados siniestros y uno solo amoroso y generador. Me refiero al concepto de *agresividad*.

*Agresivo* etimológicamente quiere decir "lanzarse hacia algo" y es lo contrario de *regresivo* (de retroceder, de ir para atrás; en términos "psi", escapar hacia el pasado).

*No hay ninguna felicidad, y de eso estoy seguro, que se pueda obtener del escapar, y mucho menos de huir hacia el pasado.*

*Agresivo*, tal como yo lo entiendo, no quiere decir "que es hostil", quiere decir que enfrenta las cosas, que no huye, que no mira para otro lado, que no delega la responsabilidad, que se compromete.

El primer paso del desarrollo de nuestro "factor F" es la necesidad de definir nuestra posición acerca del significado de la felicidad, relacionándonos agresivamente con nuestras dudas, con nuestros condicionamientos y con nuestras contradicciones; comprometiéndonos en esta búsqueda hasta el final, es decir, para siempre.

> La felicidad, cualquiera sea nuestra definición,
> tiene que ver con una postura de compromiso
> incondicional con la propia vida.

Un compromiso con la búsqueda única, personal e intransferible del propio camino. Tan personal y tan intransferible como la felicidad misma.

Puedo compartir lo que tengo...

Puedo contarte lo que siento...

Puedo dedicarte lo que hago...

Puedo elegirte y estar contigo en mis momentos más felices.

Pero no puedo compartir mi felicidad.

> No puedo... aunque me duela...
> no puedo hacerte feliz.

# ¿Qué es la felicidad?

## Empezar a buscar la felicidad

En cada encuentro de lo que llamo "docencia terapéutica" —charlas participativas centradas en el cambio—, y especialmente cuando voy a hablar de temas acerca de los cuales todo es opinable, lo primero que pido es que los presentes se animen a dar su opinión, a decir lo que realmente piensan.

Si estuvieras aquí sentado entre otros yo te estaría preguntando: "¿Existe la felicidad? Y si existe, ¿qué es?".

Y probablemente contestarías algunas de las cosas que otros contestaron:

- Para mí, la felicidad es una palabra que integra un montón de conceptos, sensaciones, sentimientos... es parte de la vida, momentos que se van dando a lo largo de la vida...
- La felicidad como estado no existe, a lo sumo existen momentos felices. Yo me acuerdo cuando nació mi hijo; en ese momento era absolutamente feliz, pero después, cuando me presentaron la cuenta de dos días de sanatorio, la felicidad desapareció.
- La felicidad es algo que en un momento nos hace sentir plenos; quizá sean momentos efímeros, quizá pocos en la vida, pero bien vale la pena vivir para

disfrutar de cada uno de esos momentos a medida que se van presentando.

- La felicidad pasa por disfrutar los momentos buenos y tomar los momentos dolorosos con estoicismo.

- En cada momento de la vida, uno tiene diferentes metas, y a medida que vamos llegando a esas metas, llegamos a la felicidad. Por ejemplo, a mí en este momento me gustaría conseguir algo y para mí eso sería la felicidad.

- La felicidad es un invento de los políticos y los psicólogos pero en realidad no existe, es una zanahoria para que sigamos empujando.

- La felicidad es recorrer el camino que conduce a algo que uno cree que es la felicidad.

- La felicidad es la tranquilidad interior. ¿Y cómo se consigue? Con mucho trabajo personal.

- Para ser feliz se necesita mucha terapia, porque sin las cosas claras no se puede ser feliz.

- Felicidad es sentir la alegría de vivir.

- Ser feliz es haber hallado a Dios en cada cosa.

- Estar bien, estar contento y tener cerca a los que uno más quiere, sobre todo a la familia.

- Ser feliz es que no te falte nada... No tener problemas.

- Para mí la felicidad es netamente una sensación. Tener un hijo es algo concreto y tomar decisiones, hacerte cargo, puede no ser tan concreto, pero te hace feliz.

- En el mundo de hoy ser feliz es tener un millón de dólares, un millón de horas para gastarlos y un millón de amigos con quienes compartirlo.[1]

Cabe preguntarse entonces...

¿Se corresponde la felicidad con alguna de las definiciones y no con las demás?

¿Será la suma de todas las posturas enunciadas?

¿Estará la verdadera definición desparramada en fragmentos de cada una de las posiciones?

Responder a estas preguntas será nuestro segundo paso, porque antes deberíamos intentar una mínima coincidencia sobre lo que es importante y lo que no lo es.

El primer paso no es encontrar la propia definición de felicidad, sino darse cuenta, como ya dije, de la importancia que tiene buscar esa definición. Que cada uno de nosotros acepte que tiene por delante este desafío, porque sin esta coincidencia primaria, desconfío de que valga la pena que sigas adelante con este libro.

Después de valorar la necesidad de encontrar tal definición, y después de saber de qué hablamos, podremos encarar este recorrido que yo considero el más importante y trascendente de la vida: el camino de la felicidad.

Con el mínimo acuerdo que justifique la necesidad de las definiciones, me animo a agrupar las opiniones mencionadas al comienzo del capítulo en tres posturas base.

a) *La felicidad no existe o no es posible*: que es la postura de los ESCÉPTICOS IRREDUCTIBLES.

b) *Existe pero son solamente momentos felices*: la postura de los que llamo POSITIVOS CON LIMITACIONES.

c) *Existe y se puede conquistar en forma definitiva*: que es la opinión de los OPTIMISTAS INCURABLES.

Es verdad que existe una posición más (que no voy a incluir en la lista). Es la postura de los que denomino SOFISTICADOS DILETANTES INSOPORTABLES. Preguntados por la felicidad pueden llegar a decir cosas más o menos como éstas: "De algún modo, esta clase de cuestionamientos que evocan el concepto y la idea de felicidad está ligada a un trascender del self voluntario o accidental hacia puntos tangibles o intangibles, en espacios que el ego conquista en determinado momento, consciente o inconscientemente, y que en modo permanente o transitorio devienen en un trastocamiento de la esencia en más".

No voy a ocuparme de los primeros porque de todas maneras no van a estar leyendo este libro y, en todo caso, aunque lo estuvieran leyendo no estarían dispuestos a revisar su posición por lo que yo opine.[2]

Por los últimos (los de fuera de la lista) tampoco quiero extenderme demasiado por dos razones. La primera, porque reconozco que alguna vez caminé por esa vereda y todavía tengo las suelas de mis zapatos apestando a mierda. La segunda razón la resumiré plagiando la frase con la que Giovanni Papini hace referencia a su segunda esposa: "No hablaré de ella porque una palabra no alcanzaría y dos sería dedicarle demasiado tiempo".

Este descarte autoritario no es tan grave como parece, dado que las dos posiciones restantes representan por lo menos noventa por ciento de las creencias de la gente común acerca de la felicidad.

Sin embargo, hay entre ambas una gran diferencia si uno se anima a pensarlas en profundidad, empezando por el punto de vista meramente semántico:

No es lo mismo SER feliz que ESTAR feliz

La idea de *estar feliz*, relacionada con la suma de momentos de plenitud, implica un concepto de lucha: tratar de estar alegre cada vez más tiempo, conseguir cada día más buenos momentos, trabajar para buscar ese estado de goce, intentar estar contento con más y más frecuencia. En definitiva, saberse feliz sin perder de vista que solamente son momentos, que no se trata de *serlo* sino de *estarlo*: estar feliz. Si se consigue encadenar estos momentos, sostienen algunos, se podría hasta tener la "falsa idea" de que se ES feliz, por lo menos hasta que un duro revés nos despierte a la realidad.

La idea de la felicidad como la capacidad de *soportar estoicamente los momentos dolorosos, si no se puede evitarlos*, pertenece también a este grupo, sosteniendo un *estar* feliz vinculado a momentos gloriosos y plenos que uno intentaría prolongar no permitiendo que nada los interrumpa o, en un sentido más amplio, decidiendo que dichos momentos de dolor son el precio a pagar para acceder a los otros, los momentos felices.

Aceptar que existe el concepto de *ser feliz* tiene punto de partida en una posición absolutamente distinta. La felicidad se constituye aquí en un estado más o menos permanente y más o menos divorciado de los avatares del "mundo fáctico", aunque no esté bien definido por dónde y con qué se accede a ese estado.

Realmente, la generalidad de las personas parece acordar más con el primer concepto que con el segundo, al que se suele calificar de ingenuo, cuando no de malintencionado o engañador.

La mayoría de la gente que admite cierto grado de felicidad en su vida dice que no se ES feliz, sino que, cuando mucho, se puede ESTAR feliz algunas veces o por épocas. Con gran esfuerzo conseguiremos que acepten, en todo caso, que existen los "muy afortunados", es decir, los que ESTÁN felices más tiempo.

Tal concepto reafirma el testimonio de todos aquellos que han tenido y siguen teniendo muchos momentos de alegría y satisfacción y muy pocos de lacerante angustia, y se declaran felices justificándolo en una especie de "promedio emocional".

En lo personal, no creo que la felicidad crezca en los momentos de esplendor ni que necesariamente deba derrumbarse en los episodios dolorosos.

EL CAMINO DE LA FELICIDAD

*En mi opinión, quienes creen que la felicidad consiste en* instantes *no han podido incorporar todavía el concepto de que incluso los malos momentos forman parte de un fenómeno más general, el cual podría configurar un contexto donde sea posible ser feliz.*

Encontrar lo bueno dentro de lo malo, por ejemplo, te permitiría casi con seguridad sentirte más feliz incluso en momentos difíciles.

Tampoco parece muy útil esperar la felicidad como un momento de compensación a un precio pagado en sufrimiento. Sería mejor construir una realidad que permita sentirla sin que dependa del alivio de los malos momentos previos (recuerda el síndrome del zapato dos números más chico que conté en *Recuentos para Demián*).[3]

La verdad es que la búsqueda de la felicidad es inherente a nosotros, lo sepamos o no y sea cual fuere la forma en que la denominamos. Llamémosla el deseo de pasarla bien, el camino del éxito o la necesidad de autorrealización, esta búsqueda forma parte irrenunciable de nuestra vida.

Y con la idea que cada uno tenga respecto de ella, iniciará este camino cuando lo desee o cuando llegue a él, o cuando no le quede más remedio.

### Rendirse jamás

> *Uno busca lleno de esperanzas*
> *el camino que los sueños*
> *prometieron a sus ansias...*
>
> Tango "Uno",
> de Mores y Discépolo

De esto se trata, en gran medida, el "ser o no ser" felices. Se trata de qué hicimos con nuestros sueños.

Porque sueños tenemos todos:

- sueños propios y sueños prestados
- sueños humildes y sueños de grandeza
- sueños impuestos y sueños olvidados
- sueños horribles y sueños encantadores

Nuestra vida está llena de sueños.

Pero *soñar* es una cosa y ver *qué hacemos con nuestros sueños* es otra.

Por eso, la pregunta inicial es, siguiendo al tango, qué hicimos, qué hacemos y qué haremos con esa búsqueda llena de esperanzas que los sueños, ellos, prometieron para bien y para mal a nuestras ansias. El *sueño* del que hablamos no es una gran cosa en sí mismo: una imagen de algo que parece atractivo, deseable o por lo menos cargado de cierta energía propia o ajena, que se nos presenta en el mundo del imaginario.

Nada más y nada menos.

Si dejo que el sueño me fascine, si empiezo a pensar "qué lindo sería", ese sueño puede transformarse en una *fantasía*. Ya no es el sueño que sueño mientras duermo. La fantasía es el sueño que sueño despierto; el sueño del que soy consciente, el que puedo evocar, pensar y hasta compartir. "Qué lindo sería" es el símbolo de que el sueño se ha vuelto algo más cercano.

Ahora bien, si me permito probarme esa fantasía, si me la pongo como si fuera un saco y veo qué tal me queda, si me miro en el espejo interno para ver cómo me sienta y demás... entonces la fantasía se vuelve una ilusión. Y una ilusión es bastante más que una fantasía, porque ya no la pienso en términos de que sería lindo, sino de "cómo me gustaría". Porque ahora es mía.

Ilusionarse es adueñarse de una *fantasía*.

Ilusionarse es hacer propia la imagen soñada.

La ilusión es como una semilla: si la riego, si la cuido, si la hago crecer, quizá se transforme en *deseo*. Y eso es mucho más que una ilusión, porque el "qué lindo sería" se ha vuelto un "yo quiero". Y cuando llego ahí, son otras las cosas que me pasan. Me doy cuenta de que aquello que "yo quiero" forma parte de quien yo soy.

En suma, el *sueño* ha evolucionado desde aquel momento de inconsciencia inicial, hasta la instancia en que claramente se transformó en *deseo* sin perder el contenido con el cual nació.

Sin embargo, la historia de los sueños no termina aquí; muy por el contrario, es precisamente acá, cuando percibo el deseo, donde todo empieza.

Es verdad que estamos llenos de deseos; pero éstos, por sí mismos, no conducen más que a acumular una cantidad de energía necesaria para empezar el proceso que conduzca a la *acción*. Porque... ¿qué pasaría con los deseos si nunca llegaran a transformarse en una acción? Simplemente acumularíamos más y más de esa energía interna que sin vía de salida terminaría tarde o temprano explotando en algún accionar sustitutivo (una acción que en mi experiencia profesional y personal no suele ser para nada deseable).

En *Cartas para Claudia*[4] relaté en detalle la experiencia Zeigernik. El experimentador explicaba, a principios del siglo XX, que cada intención se encuentra cargada de una determinada cantidad de energía motivacional, la cual sólo se agota cuando la tarea que la originó ha sido terminada.

Este fenómeno por sí solo podría explicarnos por qué si un sueño permanece escondido y reprimido puede terminar en un deseo que enferma, volviéndose síntoma; y aun si con suerte no llegara a somatizarse, el *deseo* sin *acción* es capaz de interrumpir toda conexión pertinente con nuestra realidad de aquí y ahora (una interrupción conocida en psicología conductual como "efecto Zeigernik").

El deseo es nada más (y nada menos) que la batería, el nutriente, el combustible de cada una de mis actitudes.

> El deseo adquiere sentido cuando soy capaz
> de transformarlo en una acción.

Cuentan que tres astronautas, un alemán, un japonés y un argentino, fueron convocados a un prolongado desafío espacial: estarían durante tres años en una nave, orbitando un lejano planeta y aislados de todo contacto con la Tierra. A cada uno se le permitió llevar consigo lo que quisiera siempre y cuando no excediera el límite de peso marcado para el despegue: 40 kilos por astronauta.

El alemán dijo que siempre había querido aprender inglés pero que nunca había tenido tiempo ni oportunidad de estudiarlo, así que ésta sería una gran ocasión. El día de la partida apareció con dos enormes baúles que reunían exactamente 40 kilos de libros, videos y material de audio para el curso.

El japonés dijo que su única motivación en la vida era el amor por su novia, así que el día de la partida apareció con una japonesita que, enfundada en su traje espacial, pesaba exactamente 40 kilos.

El argentino dijo que lo que más le gustaba en la vida era fumar habanos de buena calidad, así que el día de la partida llegó con un recipiente lleno de cajas de puros de La Habana que pesaba exactamente 40 kilos.

Los tres astronautas subieron a la nave y fueron lanzados exitosamente a su misión.

Tres años después, la nave es devuelta a la Tierra. Miles de personas acuden a ver salir de la cabina a los héroes del momento.

Se abre la escotilla:

–Hello... hello —dice el alemán sonriendo—, how are you my friends —saluda en perfecto inglés.

Minutos después sale el japonés con una espléndida sonrisa en los labios. Detrás, su mujer con un bebé en brazos y tomada de su mano una hermosa niña de ojos rasgados...

Pasan dos minutos y aparece el argentino, sale casi corriendo desesperado con dos cigarros en cada mano y tres en la boca:

–Un cerillo, por favor, quién me da un cerillo... fuego por favor... fuego...

El deseo *me sirve* únicamente en la medida en la que se encamine hacia la acción que lo satisfaga.

Nuestra mente trabaja en forma constante para transformar cada *deseo* en alguna *acción*.

Para ser más contundente:

Cada cosa que yo hago y cada cosa que decido dejar de hacer está motivada por un deseo, pueda yo identificarlo o no.

*Ser más conscientes de este proceso* es uno de los objetivos de toda psicoterapia.

*Construir acciones coherentes con estos sueños* convertidos en deseos es otro.

*Elegir entre dos acciones posibles, producto de dos deseos contradictorios* es el último y muchas veces el más difícil.

Ésta es la razón y el motivo de la psicología de todas las escuelas y de todos los terapeutas del mundo.

Éste es el sentido de mi tarea y el tema de aquello a lo que dedico mi vida.

Por supuesto que no voy a hablar aquí de cómo se hace para transformar los deseos en acciones "efectivas". Primero porque hay miles de libros de verdadera autoayuda, algunos buenos y otros no tanto, que hablan exclusivamente de eso; y segundo porque la felicidad que pienso no necesariamente se relaciona con la efectividad de las acciones, sino con lo que el tango sugiere:

encontrar el *camino que los sueños prometieron...*

## *Condicionamientos reacondicionados*

Todos hemos crecido alimentados por una determinada cultura, que si bien no es incuestionable ni lapidaria, funciona como un inevitable condicionante de cómo actuamos, sentimos y pensamos. Es decir, nosotros somos también el resultado de una formación que nos dio la cultura en la que nos movimos.

Si una parte importante de esta formación personal estuvo dada por la escuela, los padres, los amigos, etcétera, otra parte vino enganchada a las cosas que leímos sin que nadie nos pidiera que leyéramos.

En este sentido, los de mi generación (los que tenemos más de treinta) leíamos historietas, que en aquel entonces en Buenos Aires se llamaban "revistas mexicanas" y que hoy llamaríamos "cómics de superhéroes".

Nuestros héroes eran Superman, Batman, el Llanero Solitario, el Zorro y otros *heroicísimos* justicieros enmascarados. Les cuento esto porque algunos no tan jóvenes pueden creer que los superamigos de entonces son los mismos que aparecen en la tele, pero no, en los dibujitos de hoy aquéllos apenas si son viejos héroes remozados.

¿Cuáles serán los héroes equivalentes que actualmente monopolizan la atención de los jóvenes? Quizá sean los mutantes X-Men o los Power Rangers, los Pokémon, los Digimon y no sé cuántos más... (mi sobrino de cuatro años se acuerda de los nombres de todos, me cuenta de sus dueños, habilidades, evoluciones y no sé cuántas cosas más... y yo escucho sin entender de qué me habla).

Aquella cultura de los superhéroes alimentaba en nuestra fantasía un mundo ficticio que era expresión de nuestro tiempo, pero también, lógicamente, condicionaba nuestra manera de pensar. Por eso, hablar de los superhéroes que teníamos sirve para saber quiénes éramos y para averiguar qué hemos ganado y perdido para llegar a ser quienes somos.

Más allá de las características que los diferenciaban —unos venían de otro planeta, otros tenían superpoderes, etcétera— salvo alguna excepción, todos los superhéroes compartían una cualidad especial: usaban máscara. La máscara que servía para ocultar su doble *personalidad*.

De todos ellos, a mí el que más me impactó siempre fue Batman. Posiblemente porque él no tenía superpoderes; Batman era un tipo normal. Su verdadera identidad era Bruno Díaz, ese ricachón, cobarde y refinado; especie de tarado, patético, muy relacionado con la alta sociedad de Ciudad Gótica.

En la mayoría de los superhéroes, la característica principal de su *personalidad* conocida y abierta era cierto grado de estupidez. A veces también la comicidad, el miedo o la inseguridad (pensemos en Diego de la Vega —el timorato que escondía la personalidad secreta del Zorro). Es decir, siempre se trata de rasgos opuestos al heroísmo, la valentía, el honor.

Pero ¿cuál es la verdadera personalidad?, ¿la tarada o la heroica?

La heroica, por supuesto.

Ahora, yo me pregunto: si los superhéroes actuaban su personalidad falsa, cotidiana e intranscendente, ¿por qué era la verdadera personalidad la que aparecía enmascarada? ¿Qué habrá pasado con nosotros que hemos crecido pensando que la personalidad que debe mantenerse en secreto, oculta y escondida es la del héroe?

*¿Cuál es mensaje? ¿Cuál el resultado?*

*¡¿Hay que esconder al héroe?!*

*Éste ha sido un gran error.*

Nos hemos engañado y hemos engañado a los que nos siguen, haciéndoles creer que la personalidad secreta es el superhéroe, cuando en realidad no es así.

Nosotros hemos fabricado esta cultura, escondiendo en nosotros los mejores "nosotros".

Hemos vivido y vivimos dejando a la vista de todos a los "otros":

a los pusilánimes,
a los temerosos,
a los asustadizos,
a los raros,
a los que no pueden participar,
a los que no pueden hacer,
a los que no pueden cambiar,
a los que coinciden con el sistema,
a los que se someten a las reglas,
a los que aceptan las cosas sin querer cambiarlas...

*¿Por qué esconder al superhéroe?*
*¿Por qué esconder al que de verdad puede hacer las cosas?*
*Porque aquéllos, los de la lista, ¡son los aceptados!*
Bruno Díaz, Diego de la Vega y Clark Kent... ¡no tienen problemas al salir afuera!
Nadie se mete con ellos; de hecho su juego consiste en pasar inadvertidos.
Y la mejor manera de pasar inadvertido, hemos aprendido de nuestros ídolos, es...

*¡pasar por tontos!*

Así armamos muchos nuestra identidad: actuando como tarados y escondiendo a los superhéroes que somos.[5]
*Escondemos nuestra verdadera potencialidad.*
Escondemos todo aquello de lo cual somos capaces.
Y vivimos mostrando nuestra personalidad devaluada... aquella socialmente aceptada... aquella que nos enseñaron a desarrollar... aquella que aprendimos para no tener problemas...

¿Sólo por la influencia de las historietas?

No. También nos acordamos de una parte del mensaje que nos daban nuestros padres: "No te metas en líos...".

O peor todavía: "Sí sigues así, no te va a querer nadie".

¿Qué es *seguir así*?

Seguir así, obviamente, es ser uno.

¿Y entonces? ¿Cómo voy a hacer para *ser otro*?

La respuesta es previsible: dejando salir al héroe.

Yo no digo que haya que ser un superhéroe en el sentido de ser espectacular y maravilloso, escalar edificios, saltar azoteas o volar por el aire.

No.

No hace falta.

*Hablo de la única heroicidad que defiendo: el valor de ser quien uno es.*

La heroicidad de no fabricarse una personalidad secreta de pusilánime si uno no lo es.

No vivir como un tonto, si uno no lo es.

Si uno no es demasiado rápido, está muy bien. Entonces hay que llevar la lentitud con orgullo. Hay que decir: "yo soy un poco lento, ¿y qué?". Eso está increíble.

No hay nada de malo en ser "un poco boludo"... como se dice en Argentina.

Pero si uno no lo es... ¡no está bien hacerse el boludo!

Si yo soy un poco tonto... si no soy demasiado inteligente... si puedo descubrir en mí las otras virtudes que no son la inteligencia... ¡bueno! ¿Por qué gastar energía en ocultarlo?

Por qué no animarme a decir quién soy con mis virtudes. Aunque éstas no sean las socialmente mejor recibidas y más celebradas, aunque no sean las que tienen "mejor prensa".

Y mucho menos hace falta que la virtud sea una manera de *ser más*.

No destacarse también puede ser una virtud.

La mayor virtud de un héroe es la que le permite enfrentar las cosas sin tener que hacer el esfuerzo de parecerse a lo que los demás dicen que se debe ser.

Cuentan que una vez...

Sing, el carpintero, se dirigía con su aprendiz hacia el reino de Chi a hacerse cargo de un trabajo cuando, al pasar por la ciudad de Chuan, descubrió un roble que servía de lugar de reunión a la población. El árbol se erguía sobre un montículo y sus ramas más bajas eran tan grandes que se hubiera podido construir con ellas varias embarcaciones; tenía unos veinte metros de altura y más de veinte metros de diámetro; su copa era tan grande como para dar sombra a un centenar de animales.

La muchedumbre se congregaba alrededor del árbol como lo hace en la plaza del mercado. Sin embargo, nuestro carpintero ni siquiera lo miró cuando pasó a su lado.

Su aprendiz, que no cesaba de mirarlo, se dirigió a Sing diciéndole:

–Maestro, desde que soy tu alumno jamás había visto un árbol tan hermoso como éste. Pero tú has pasado a su lado sin echarle un vistazo.

–Ese árbol es inútil —replicó Sing. Si hiciera una barca se hundiría; si construyera ataúdes se pudrirían; si lo aprovechara para hacer herramientas se romperían de inmediato; si hiciera una puerta rezumaría resina; si hiciera vigas las termitas acabarían pronto con ellas. Es una madera inútil que no sirve para nada. Por eso ha vivido tanto.

Cuando el carpintero Sing retornó a su casa y se acostó en su lecho; el roble sagrado se le apareció en sueños y le dijo: "¿Con qué me comparas? ¿Me comparas acaso con los árboles útiles como los cerezos, los perales, los naranjos, los limoneros, los toronjos y los demás árboles frutales? A ellos se les maltrata cuando la fruta está madura, se les quiebran las ramas grandes y las pequeñas quedan maltrechas. Su misma utilidad es la que les amarga la vida. Por eso llaman la atención de la gente vulgar y son talados antes de llegar a la vejez. Así sucede con todo. Hace mucho tiempo que intento ser inútil y, aun así, no siempre lo consigo. Al final, sin embargo, he llegado a ser completamente inútil, lo cual me resulta muy provechoso. Me halaga y satisface el lugar que ocupo en este pueblo. Me da placer que todos se reúnan a mi alrededor y veneren mi manera de perdurar. ¿Crees que si hubiera servido para algo me habrían permitido llegar hasta aquí? Además, tanto tú como yo somos cosas y... ¿cómo puede una cosa juzgar a otra? ¿Qué puede saber una cosa mortal como tú sobre un árbol inútil como yo?".

Sing, el carpintero, despertó y trató de comprender su sueño.

Quizás el árbol tenía razón y él debía aprender a cejar en su intento de ser tan eficaz. Sólo una pregunta no le permitía terminar de creer en las palabras del árbol:

-Si quiere ser inútil, ¿por qué sirve de santuario a la población?

Yo quisiera poder contestar esa pregunta: el árbol inútil era una personalidad oculta del árbol sagrado.

*El héroe de cada uno de nosotros contiene a la persona que cada uno es y que está orgullosa de ser así.*

Que conoce lo que puede. Y que también conoce —sobre todo conoce, digo yo— lo que no puede.

Ser un superhéroe es no avergonzarnos nunca de no saber, de no poder o de no querer.

---

El desafío no es ser otro.
El desafío es ser uno mismo.

---

Por supuesto que las madres, aunque no leyeran las historietas, ayudaban subliminalmente a configurar nuestra estructura "adaptada".

Mi mamá, como la mayoría de las madres, tenía un gran bagaje de mensajes muy contradictorios para colaborar en ese sentido; contradicciones que por otra parte terminaban salvándonos de la tentación de querer obedecerlas.

Siempre me encantó esto de las madres (y los padres) que por un lado te dicen que eres maravilloso y por el otro te cuentan que hacen todo lo que hacen porque quieren que *seas alguien.*

En algún momento, recordando esa frase, le pregunté a mi mamá: "¿Qué pasó? ¿No era ya *alguien?* Antes de que tú te ocuparas, ¿yo no era?".

Mi mamá me explicó y entonces yo, que parece que era un poco "falto de entendederas", entendí.

Lo que ella quería decirme con que yo fuera *alguien* era que fuera *alguien que se destaque.*

Y en esta frase hay que entender la sutileza: el *alguien* no es importante; lo importante es el *que se destaque.*

¿Entre quiénes? Entre los demás, claro.

Ahhh... Para ser *alguien* hay que *destacarse entre los demás.*

"Obvio", diría mi sobrino.

Mío fue el trabajo de descubrir con el tiempo que para eso la única forma era *competir.*

Ser *alguien* era destacarse.

Y *destacarse* significaba *competir.*

¿Y competir con quién?

Con todo el *mundo.*

Menos con mi hermano, claro; porque ella se conformaba con que los dos nos destacáramos por igual de entre todos los demás hijos de todas sus amigas, primas, vecinas y desconocidas.

Competir y ganar... para ser alguien en la vida.

Y esto no lo hacía mi madre porque fuera mala, egoísta o celosa, porque la verdad es que mi mamá es la persona más amorosa, solidaria y protectora que yo conozco.

Cuando yo iba a la primaria, mi mamá salía al balcón de mi casa de Floresta —la lucha previa había sido conseguir permiso para caminar solo hasta la escuela, que quedaba a cuatro cuadras. Yo salía caminando hacia Gaona y mi mamá se quedaba mirándome desde el balcón hasta que yo la saludaba y doblaba la esquina...

Yo, que me avergonzaba un poco de tanto control, le decía:

—Pero mamá, ¿para qué sales al balcón? ¡No me voy a perder!

—No —decía ella—, salgo porque... al mirarte *te cuido*... *Los ojos de una madre protegen*...

Un día, en plena rebeldía preadolescente, saliendo para la escuela le dije:

—Sabes, mamá... a la vuelta, donde ya no me ves, ¡también hay autos!

¿Y qué me contestó mi mamá?... Sin ni siquiera parpadear me dijo:

—*Los ojos de tu madre te siguen donde vas*...

Si mi mamá cobrara derechos de autor por las frases que nos repetía... todas las madres estarían en deuda con ella.

Y, sin embargo, hay algo contradictorio en este recuerdo: si de alguien heredé o aprendí *mi deseo de ayudar a otros* es justamente de ella.

¿Por qué hacía entonces estas cosas?

¿De dónde descolgaba este empujón hacia la guerra competitiva contra el mundo?

Tú ya sabes la respuesta (que a mí me llevó muchos años descubrir y otros tantos aceptar): eso era lo que ella había aprendido.

Lo hacía porque repetía la contradictoria idea anidada en nuestra educación judeocristiana de hijos y nietos de inmigrantes: destacarse sin confrontar, compitiendo y superando pero sin llamar la atención.

*Compito sin que te enteres para superarte sin que lo sepas* (decía mi mamá... que para ser contradictoria era la más contradictoria).

Desde el punto de vista del aprendizaje, es fácil comprender esta tendencia a comparar lo propio con lo ajeno. Pero otros que no son hijos dc mi madre se han dedicado a rastrear genéticamente este rasgo encontrando ciertas inclinaciones biológicas que parecen independizarlo de los estigmas educativos. Se le considera, de hecho, uno de los orígenes neurobiológicos de nuestros padecimientos.

En una sociedad de consumo donde el éxito es competitivo, nuestro nivel de satisfacción termina definiéndose por la comparación entre lo propio y lo de otros, más aún si nos aceptamos portadores de una tendencia innata a esa comparación.

Sin pensarlo en cada situación, miramos a nuestro alrededor y nos comparamos con los demás.

Por mucho que tengamos, no es la cantidad absoluta lo que nos hará felices, porque parece que siempre tenderemos a sentirnos insatisfechos si el vecino tiene un poco más.

En su tratado sobre el bienestar humano contemporáneo, H. L. Mencken define al hombre verdaderamente satisfecho de su sueldo de la siguiente manera: "alguien que gana 100 dólares más que el marido de su cuñada".

Vivir de *verdad* es ser el que *verdaderamente* soy. Más allá y más acá de quién seas tú y de lo que esperes de mí.

Tu presencia me actualiza y me confirma, pero no me define.

*Vivir "de verdad" significa, precisamente, dejar atrás todos los personajes que he creado para otros.*

*Abandonar el papel que diseñé para inscribirme en una sociedad determinada.*

*Dejar salir lo que llamo "el yo verdadero", sinónimo de "el héroe escondido".*

Pero... ¿cómo se hace para saber si estoy siendo *el que soy* o estoy actuando *lo que me dijeron que sea?*

En primer lugar, asumiendo seriamente la tercera de mis tres verdades[6] ("siempre se puede decir que no") y tomando la decisión, sin duda heroica, de no dejarme forzar jamás a ser lo que no soy. Bastaría con esto. No hace falta mucho más.

Dicho de otra manera:

*¿Es esto que hago lo que quiero hacer o estoy tratando de complacer a alguien?*

Lo mejor de mí, aunque a ustedes no les guste, es lo que soy.

Lo mejor de cada uno de ustedes, aunque a nadie le simpatice, es lo que cada uno de ustedes es.

Y puede ser que seamos muchos aquellos a los que no nos guste.

Y a pesar de todo... valdrá la pena.

Digo siempre, bastante en broma y muy poco en serio:

*Cuando uno finge, cuando uno representa un personaje, cosecha un montón de relaciones hipócritas, diplomáticas, de poco valor y de poca trascendencia. En cambio, cuando uno es quien es... ¡no se le acerca ni el gato!*

Y es una broma.

Pero aun cuando en algunos momentos pareciera cierto... no es dramático...

*Si puedo confiar en que más adelante, a la vuelta de la esquina, aparecerá el que me pueda aceptar, amar y desear tal como soy, nada es dramático.*

Hace treinta años que trabajo en salud mental, y durante todo este tiempo he descubierto muchas cosas increíbles. Pero la más increíble de todas es que hay gente para todo.

Hay gente a la que le gustan las personas con dinero, sin dinero, taradas, alcohólicas, los que hablan tonterías, los que no hablan, los graciosos, los sobrios, los charlatanes, los instruidos, los cultos, los brutos... Hay mujeres a las que les gustan los gordos, los flacos, los feos, los altos, los chaparros... Hay hombres para las gorditas, para las austeras, para las enérgicas, para las bobas, para las gastadoras, para las ahorradoras, para las sensuales, y con un poco de suerte, hasta para las inteligentes.

¡Hay para todo!

Así que lo único que hay que tener es... ¡paciencia para buscar!

Y si de esos que busco, los que me aceptan así, no encuentro uno ni una en toda la ciudad... ¡habrá que empezar a viajar!

*En algún lugar está (ella o él) alguien a quien le encanta que yo sea como soy.*

Sabiendo que hay alguien en el mundo a quien le encanto así, por qué voy a conformarme con otro (otra) que me dice en qué tengo que cambiar.

Por qué avalar esa estúpida inclinación que todos tenemos, de casarnos con alguien pensando: "Ahora es así, pero cuando esté conmigo va a cambiar...".

Creo que no hay mujer que no se case con esa fantasía (y pido disculpas si estoy generalizando injustamente).

Y lo peor de todo es que ellas no se equivocan... los hombres siempre cambiamos.

¡Nos volvemos peores!

Porque, con el paso del tiempo, uno siempre se vuelve peor.

Las virtudes van amainando o no, pero los defectos florecen y se agrandan...

Y si eras increíblemente sociable, después te vuelves un charlatán. Y si eras muy gracioso, te vuelves un payaso insoportable.

Y si eras un tipo seductor, te vuelves un viejo verde que persigue a las enfermeras en el sanatorio.

Los rasgos se van exagerando, se acentúan cada vez más. Porque uno se va rigidizando con el paso del tiempo —no en todo, lamentablemente— y se vuelve casi siempre una caricatura de sí mismo.

Así que pensar *el otro va a cambiar*, en verdad, no funciona.

Entonces sería más inteligente y efectivo que, desde el principio, decida *estar al lado de otro que me gusta tal como es*.

Puedo entender que el otro mejore, seguramente. ¡Pero no por mí! ¡No para gustarme a mí!

Si el otro no me gusta como es ahora, entonces simplemente *no me gusta*.

No puede ser que lo que más me guste sea "lo que yo potencialmente veo en él".

Imaginen si mi esposa Perla hace treinta años se hubiera enamorado del flaco que potencialmente veía en mí...

¡Pobre, nunca en su vida habría llegado a estar con el hombre de quien se enamoró!

---

**No nos enamoramos del potencial del otro,
sino de lo que el otro verdaderamente es.
Y mientras estemos juntos, alentémoslo
para que lo deje salir cada vez más.**

---

Apostar al potencial muchas veces es confiar en el futuro y muchas otras es abrir la puerta a la insatisfacción.

El Dalai Lama pregunta: ¿Cómo alcanzar la satisfacción interior?

Un método, el más difundido, consiste en tratar de obtener todo aquello que deseamos y queremos: el dinero, la casa, los coches, la pareja y el cuerpo perfectos.

Cuenta una vieja historia que había en Nueva York un joven judío ortodoxo, de treinta y cinco años y buena posición económica, cuya soltería intrigaba a toda la comunidad. Entre las personas religiosas es usual casarse tempranamente para asegurar la formación de una familia numerosa y sana. Todos los días, en la sinagoga, el hombre se quejaba amargamente de la soledad que sentía y le contaba a quien se le acercaba cuánto anhelaba casarse.

-Si deseas tanto hacer una familia, ¿por qué no te has casado todavía? —le preguntó un día un viejo Rebe que estaba de visita en la ciudad.

-Porque nunca he conocido a la mujer de mis sueños —replicó el joven.

-¿Puedes describirme cómo sería esa mujer? —preguntó el Rebe. Yo le pediré a Dios que te cruces con ella.

-Seguro que puedo —respondió el joven soltero.

Buscó entre los bolsillos de su largo sobretodo negro hasta que encontró una fotografía bastante provocativa de Pamela Anderson en un escueto bikini.

Se la acercó al rabino y le dijo:

-Quiero una como ésta, que sea judía y que estudie el Talmud.

La desventaja evidente del enfoque es que tarde o temprano nos encontramos con algo deseado pero que no podemos obtener y el bienestar desaparece. De hecho, aun siendo conscientes de que la motivación fundamental es la búsqueda de la satisfacción, muchas veces ésta no aparece ni siquiera después de conseguir plenamente el objeto de nuestro deseo.

El método que el Dalai recomienda es mucho más fiable. Consiste en aprender a querer y apreciar lo que ya tenemos.

El verdadero antídoto del anhelo es la aceptación y no la posesión.

En el budismo se acepta el principio de causalidad como una ley natural. Así, por ejemplo, en el campo de las experiencias cotidianas, si se producen ciertos acontecimientos indeseables, éstos serán indudablemente el resultado de la situación anterior que naturalmente no podía desembocar en otra cosa que no fuera la acontecida.

Por lo tanto, si queremos tener una experiencia determinada, lo más lógico es buscar y acumular aquellas causas y condiciones que favorezcan su acontecer.

Si uno es amable, algo se abre automáticamente en nosotros: la conciencia de pares, el darnos cuenta una vez más de lo que decía William Schultz, que todos somos uno. Y esta apertura produce siempre una respuesta equivalente en los otros.

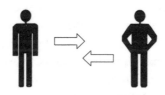

La competencia, el odio, los celos, son estados destructivos de nuestro bienestar, y cuando aparecen todo termina pareciéndonos sospechoso o amenazante. La consecuencia natural es más inseguridad, mayor desconfianza, una tendencia a aislarnos en la soledad y el resentimiento para defendernos de un mundo que consideramos hostil. Estos sentimientos que devienen tóxicos empiezan en el rechazo hacia el prójimo y terminan en provocar la actitud en espejo de los demás.

De modo similar, el mejor método para asegurarse de que algo no vuelva a ocurrir es procurar que no se repitan las condiciones que lo produjeron.

El Dalai Lama no clasifica estados mentales, emociones o deseos con arreglo a juicios morales externos, como pecado o malignidad, sino simplemente sobre la base de si conducen o no a la felicidad personal última. Los considera útiles o inútiles para el desarrollo de lo mejor de las personas y para el descubrimiento de sus potencialidades, entre las cuales está, por supuesto, la de ser felices.

*Desde este punto de vista, con el cual coincido como terapeuta, la salud mental siempre implica una actitud empática, cálida y generosa, un sentimiento amoroso, una postura cordial y un accionar solidario.*

*Los vínculos sanos establecidos entre personas sanas indefectiblemente ayudan a recorrer el camino de la felicidad.*

Surge naturalmente la pregunta:

Si la felicidad depende simplemente del cultivo de estados mentales "positivos", como el amor, la solidaridad y la compasión, ¿por qué hay tanta gente desdichada?

Escuchemos la respuesta en sus propias palabras:

Alcanzar la verdadera felicidad exige producir una transformación en las perspectivas, en la forma de pensar, y eso no es tan sencillo. Para ello es preciso aplicar muchos factores diferentes desde distintas direcciones. No se debería tener, por ejemplo, la idea de que sólo existe una clave, un secreto que, si se llega a develar, hará que todo marche bien. Es como cuidar adecuadamente del propio cuerpo; se necesitan diversas vitaminas y nutrientes, no sólo uno o dos. Del mismo modo, para alcanzar la felicidad hay que utilizar una variedad de enfoques y métodos, superar los variados y complejos estados negativos. Podemos cambiar y transformarnos pero sólo a través del entrenamiento. En la práctica budista existen varios métodos para mantener una mente serena cuando sucede algo perturbador. La práctica repetida de ellos nos permite llegar a un punto en el que los efectos negativos de una perturbación no pasen más allá del nivel superficial de nuestra mente, como las olas que agitan la superficie del océano pero que no tienen gran efecto en sus profundidades.

Dalai Lama

## La regla del oso idiota

Es evidente que las expectativas complican nuestra oportunidad de ser felices, tanto cuando se realizan como cuando no lo hacen. Si se cumplen, nos condenan a abandonarlas y crear nuevas y más grandes expectativas hasta toparnos con las que no se cumplan. Si desde el principio no se cumplen, sufrimos el dolor de la desilusión.

Confundimos sueños con expectativas sin darnos cuenta de que mientras aquéllos nos abren el mundo, éstas nos encierran en la espera pasiva de lo deseado. Y, sin embargo, nos aferramos sorprendentemente a ellas, ¿por qué? Debe ser porque nos han acompañado demasiado tiempo...

*Si vives satisfecho, tener más pierde importancia.*

Esto es válido tanto para los bienes materiales como para el sexo, la belleza, el prestigio o cualquier otra clase de posesión.

La búsqueda de la serenidad de la mente, más que un eficiente desarrollo de estrategias para el éxito, supone un elevado nivel de sensibilidad y cierta conquista de desapego.

*Pero cuidado; paz interior no significa permanecer distante, desinteresado o vacío.*

De ninguna manera significa negar que debemos satisfacer muchas de nuestras mínimas necesidades básicas (alimentación, vestido, cobijo, seguridad personal).

Más bien es darse cuenta de que no necesitamos forzosamente acumular más dinero, más éxito ni más fama para ser felices; que podemos serlo sin tener un cuerpo perfecto, sin el mejor tapado de piel, sin el alimento exquisito preparado por el mejor chef y aun aceptando que no tenemos una pareja perfecta.

*Eso suena fácil... pero ¿qué pasa si no puedo aceptar tener que renunciar a lo que tanto deseo, si siento que no puedo armar mi prospecto de vida?*

Habrá que pensar en aplicar alguna de las *reglas básicas* que enseña la experiencia de vida, mucho más allá del conocimiento de los libros, mucho más allá de la iluminación de los místicos.

Usted tiene un deseo determinado.

Usted quiere algo.

Lo quiere con toda el alma, con todo su ser.

Sueña de día y de noche con tenerlo.

¡Bien!

Es hora de aplicar *la regla del oso idiota.*

¿Por dónde se empieza?

En primer lugar, la O del OSO señala:

¿Usted quiere algo?

---

¡**O**BTÉNGALO!

---

*Obtenga* lo que usted quiere.

¡Vaya por eso! ¿Qué es lo que busca?

"El amor de esa mujer... esta casa... ese trabajo..."

¡Vaya y obténgalo!

¡Haga todo lo que pueda para obtenerlo!

Juéguese la vida, corra un riesgo, comprométase con su deseo.

Muy bien...

Pero uno puede darse cuenta de que es imposible obtener lo que quiere.

Y esto es muy cierto.

¿Qué dice la regla en segundo lugar?

¿No puede obtener lo que quiere?

> ¡**S**USTITÚYALO!

La regla del oso dice: ¿No lo puede **O**btener?

¡**S**ustitúyalo!

¡Sustitúyalo por otra cosa!

"Esta mujer no me quiere..."

¡Que lo quiera otra mujer!

"Esta otra tampoco me quiere..."

¡Busque un marinero! ¡Cómprese un perro!

"¡Ah... no! *Imposible* sustituirlo! Porque como esta mujer no hay..."

¿Qué nos dice la regla en tercera instancia?

> ¡**O**LVÍDELO!

¿No puede **O**btener lo que quiere?

Muy bien.

¿No lo puede **S**ustituir?

Muy bien:

¡**O**lvídelo!

"Ah no... Imposible..."

¿Cómo "Imposible"? **O**btener no... **S**ustituir no...

¡**O**lvídelo!

"No, doctor, ¡imposible olvidarlo!"

Ahhh... Si no lo puede **O**btener, no consigue **S**ustituirlo y no quiere **O**lvidarlo...

La regla dice que usted... ¡es un *idiota*!

Alguien podría decir:

"Bueno, yo no puedo decidir *qué* puedo olvidar."

Quizá NO.

Pero con toda seguridad lo que puede es decidir NO olvidar y quedarse pegado a lo que cree imposible. Y eso es lo idiota de nuestra neurosis.

Por supuesto que puedo renunciar a casi cualquier deseo (y no estoy hablando de los sueños heroicos que pertenecen a otro capítulo, como ya veremos).

No es razonable que viva sufriendo por no poder, por ejemplo, salir volando por la ventana.

Eso es neurótico, es ridículo, es idiota.

Cuando se me ocurren estas cosas como "la regla del OSO idiota" entiendo por qué algunos colegas me menosprecian.

Es verdad que, cambiando un poco las palabras, el sentido común puede informarnos que lo dicho es absolutamente cierto... aunque quizá, como dicen algunos colegas, esté simplificando demasiado.

Muchas veces me acusan de simplificar... ¡y creo que tienen razón!

Lo hago con la conciencia de estar renunciando a cierta precisión, creyendo que es un buen sacrificio. Porque en la medida en que haya alguien que simplifique, cada quien podrá complicar la idea tanto como quiera para adaptarla mejor a sus creencias. Y porque sospecho que si todos complicamos demasiado las cosas, tal vez algunos no estén en condiciones de simplificarlas bastante.

Siempre me jacto diciendo que escribo como para que pueda entenderlo yo.

# Algunos desvíos

## Desdicha y expectativas

Había una vez un príncipe que vivía en un palacio y poseía todo lo que deseara tener, como corresponde a todo príncipe de cuento. En la mañana de esta historia, ve pasar a un mendigo pidiendo limosna con un platillo. El príncipe lo manda llamar e intenta tirar algunas monedas en su extraña escudilla amarillenta. Pero el mendigo lo detiene y le dice:

–Perdona, señor, tú eres el hombre más rico del mundo; si de verdad quieres darme una limosna, y te confieso que no estás obligado, dame suficiente para llenar mi plato. No me des dinero si no quieres, dame comida o basura, pero dame tanto como para colmar mi escudilla. Si no quieres o no puedes hacerlo, preferiría que aguardes al próximo mendigo para complacer tu caridad de esta mañana.

El príncipe se sorprende, está tentado de echarlo a patadas, pero piensa que quizá el pordiosero tenga algo de razón. Si un príncipe no puede dejar satisfecho a un mendigo, quién lo haría.

El poderoso palmea las manos y aparecen dos sirvientes con una bandeja repleta de bolsitas de cuero llenas de monedas. Sin decir una palabra, el príncipe comienza a echar las monedas en el platillo y ve con sorpresa cómo desaparecen inmediatamente en el fondo del recipiente. No puede creer lo que sucede, pero unos segundos después de haber echado las últimas monedas, el platillo está tan vacío como cuando el mendigo llegó.

El soberano llama a su consejero y al poco rato es traído un arcón lleno de valiosas joyas de todas partes del mundo.

Al principio de a puñados, y luego con la ayuda de los sirvientes, todos echan alhajas en la escudilla para conseguir llenarla aunque sea por un instante... pero no hay caso, el fondo amarillento parece tragarse instantáneamente todo lo que cae. Fastidiado, el príncipe manda a traer fuentes llenas de comida y lo mismo vuelve a suceder, el plato permanece tan vacío como siempre.

Derrotado el soberano, detiene a los diez sirvientes que ahora a un tiempo siguen echando infructuosamente panes y frutas en la escudilla.

–Me has vencido —dice el príncipe. Yo, el más poderoso de los hombres, no puedo llenar el plato de un mendigo. Aprenderé esta lección de humildad... Por favor, quédate a comer conmigo y cuéntame de dónde sacaste esta escudilla mágica que nunca se llena.

–Meses atrás —responde el mendigo— mi viejo plato de madera se rompió. Buscando un tronco caído para tallar una nueva escudilla, me crucé una noche con un cadáver tirado al costado del camino. Los animales habían devorado la carne del pobre desgraciado y sólo quedaba el esqueleto pelado. Seguro de que no dañaba a nadie, conseguí prestada una sierra de unos granjeros y corté la parte superior de su cráneo. La lavé y, desde entonces, la uso como plato. Lo que has visto, príncipe, no es magia, lo que sucede es que este cráneo conserva todavía algunas de las propiedades que tenía cuando era parte de la cabeza del hombre; y la cabeza, majestad, siempre es insaciable.

Según los estudiosos de la conducta infantil, las primeras palabras que aprendemos de niño son poco más o menos las mismas:

- primero solemos decir *mamá*;
- en segundo lugar generalmente pronunciamos *papá*;
- y la tercera palabra es casi siempre *más*.

Cuando empecé mi carrera en salud mental, mis maestros me enseñaron este concepto antes que ningún otro. En esas primeras palabras se representan nuestros más profundos y auténticos deseos: primero *amor*, después *seguridad*, y luego: *más* de todo lo anterior. Como determinando que allí radicaban nuestras necesidades más primitivas, nuestros requerimientos fundamentales en el camino hacia ser felices...

Cuando se busca el significado de la palabra *feliz* en el diccionario de la Real Academia Española, la primera definición dice: "Que se complace con la posesión de un bien".

Esta relación irremediable de la felicidad con la complacencia del tener nos conecta con una situación de difícil salida: si, como el cuento lo sugiere, la naturaleza humana es insaciable, se puede deducir que el mayor obstáculo para la felicidad está ligado a nuestra propia naturaleza.

Dado que nunca es posible satisfacer todos nuestros deseos, sean de amor, sexo, dinero, atención, seguridad, placer o alimento, podemos decir que la felicidad, aquello que intentamos definir, es un imposible por su misma definición.

El resto de las definiciones del adjetivo feliz no ayuda mucho más:

- Caracterizado por la buena suerte; afortunado.
- Persona que disfruta, muestra o está marcada por el placer o la alegría.
- Alguien que se adapta con facilidad a las circunstancias.
- Alegre. Contento.

Hemos leído en el capítulo anterior la palabra del Dalai Lama cuando nos señalaba con claridad que las posesiones

no pueden determinar nuestra felicidad porque son, por definición, insuficientes, imposibles de satisfacer; y dado que no
somos monjes tibetanos seguramente necesitemos encontrar
algún parámetro más occidental que nos permita evaluar,
medir, pesar nuestra felicidad.

Si tratáramos de ser fieles a la forma en que vivimos,
deberíamos buscar nuestra dimensión de los factores que
condicionan nuestro sentirnos felices por el análisis de la
negativa: "La felicidad está determinada por la ausencia de
situaciones desdichadas". Matemáticamente hablando:

$$F = 1/D$$

Donde F es la felicidad y D es la desdicha.

Cuanto menor sea la desdicha, mayor será la felicidad.

Ahora el problema se traslada a *cómo* se mide la desdicha.

La sociedad que supimos concebir parece creer firmemente que la desdicha se puede calcular, y propone subliminalmente medir nuestra infelicidad por la diferencia que existe
entre las poderosas imágenes ideales producto de nuestro deseo y la percepción de la realidad con la que nos encontramos.

Basándonos, entonces, en la irónica *fórmula de la desdicha* de Dennis Pragger podríamos calcular la infelicidad de
muchas personas con la siguiente ecuación:

$$D = E - R$$

La cantidad de desdicha es igual a las expectativas menos la realidad.

De este modo, en la medida en que lo percibido en
la *realidad* sea mayor, menor o igual que las *expectativas*,
cambia el nivel de la *desdicha*.

Es decir, cuanto mayor sea la expectativa, y menos pa-
recida sea a la realidad, mayor será la desdicha.

Así planteado, todo esto no es más que una estupidez.

Y, sin embargo, estas estupideces determinan nuestras conductas.

Desde la fórmula parece obvio y comprensible que frente a cualquier registro de infelicidad nos ocupemos urgentemente de tratar de cambiar la realidad. Es una idea razonable, eficaz, fantástica, que induce a la acción. Pero tiene un inconveniente: no siempre puedo conseguir que la realidad se parezca a lo que espero de ella.

Y es un gran inconveniente, porque no sólo *no siempre* voy a conseguirlo, sino que *casi nunca* es posible totalmente.

Esto es: casi nunca la realidad guarda armonía exactamente con las expectativas, salvo que tenga expectativas ancladas exclusivamente en estrategias futuras fácticamente posibles, en cuyo caso yo ni siquiera las llamaría expectativas, preferiría denominarlas "proyectos".

La expectativa tiene que ver con el resultado, no con el camino.

El proyecto tiene que ver con el camino, no con el resultado.

---

**La única manera de resolver esa ecuación
para que no siga arrojando un resultado de *desdicha*
es trabajar también sobre la *expectativa*
y no sólo sobre la *realidad*.**

---

Porque si yo mejoro la realidad, pero con ella subo proporcionalmente mis expectativas, la desdicha se mantendrá presente.

Imaginemos que estoy esperando un ascenso a jefe de sector. Me siento desdichado cada fin de mes cuando en mi encuentro con el directorio no llega la deseada promoción. Mi fórmula de desdicha se compone así:

| Realidad (simple empleado) | valor 3 |
| Expectativa de ascenso | valor 8 |
| Desdicha | valor 5 |

Pero supongamos que un día, después de mucho desearlo y de haber trabajado duramente, el gerente me cita a su despacho y me da la buena noticia: el ascenso se ha hecho realidad. Salgo de la oficina, me subo a mi auto y en el primer semáforo compongo mi nueva ecuación:

| Realidad (jefe de sector) | valor 8 |
| Expectativa de ascenso a gerente | valor 13 |
| Desdicha | *¡valor 5!* |

Cada vez que nos sentimos desdichados luchamos, muchas veces insensata y caprichosamente, para cambiar la realidad, para hacer que se asemeje más a lo que esperábamos de ella, para forzar los hechos en una determinada dirección... sin pensar que si lo que queremos verdaderamente es ser felices, el trabajo podría ser más interno que externo, más sobre las expectativas que sobre la realidad, más sobre lo pretendido que sobre lo encontrado.

Si yo bajo mis expectativas, aunque no mejore demasiado la realidad, la desdicha va a desaparecer.

| Realidad (jefe de sector) | valor 8 |
| Expectativa de ascenso | valor 0 |
| Desdicha | -8 |

Las expectativas son, por ejemplo, la fuente principal de crisis para la edad madura en los hombres. Cuando pasan de cierta edad, muchos señores se dan cuenta de que sus logros personales o profesionales no se corresponden con la imagen que se habían formado de lo que debían haber realizado para entonces. La desdicha que sienten frente a esa diferencia entre la expectativa y la realidad es el desencadenante fundamental de una turbulencia que los libros suelen llamar la "crisis de los cincuenta".

Occidente parece sostener a ultranza la idea de que ser feliz es no sufrir. Al desarrollar la capacidad para limitar el sufrimiento, fue perdiendo concomitantemente la habilidad para afrontarlo.

En el extremo opuesto del mundo, las personas educadas en las culturas orientales, en cambio, parecen tener una mayor capacidad para aceptar el dolor y el sufrimiento; y aun admitiendo que ambos son fenómenos humanos universales, nos sorprende la tolerancia que los países más pobres de Asia tienen para con ellos. ¿Costumbre? ¿Resignación? Puede ser, aunque quizá se deba, también, a que al ser mucho más duras las condiciones de vida, el sufrimiento se ha vuelto más visible en las naciones pobres: el hambre, la pobreza, la enfermedad y la muerte *pertenecen* indiscutiblemente a la comunidad y no son negadas ni marginadas, sino aceptadas y atendidas por todos.

Cuenta Osho que...

En tiempos de Buda, murió el único hijo de una mujer llamada Kisagotami.

Incapaz de soportar siquiera la idea de no volver a verlo, la mujer dejó el cadáver de su hijo en su cama y durante muchos días lloró y lloró implorando a los dioses que le permitieran morir a su vez.

Como no encontraba consuelo, empezó a correr de una persona a otra en busca de una medicina que la ayudara a seguir viviendo sin su hijo o, de lo contrario, a morir como él.

Le dijeron que Buda la tenía.

Kisagotami fue a ver a Buda, le rindió homenaje y preguntó:

–¿Puedes preparar una medicina que me sane este dolor o me mate para no sentirlo?

–Conozco esa medicina —contestó Buda—, pero para prepararla necesito ciertos ingredientes.

–¿Qué ingredientes? —preguntó la mujer.

–El más importante es un vaso de vino casero —dijo Buda.

–Ahora mismo lo traigo —dijo Kisagotami. Pero antes de que se marchase, Buda añadió:

–Necesito que el vino provenga de un hogar donde no haya muerto ningún niño, cónyuge, padre o sirviente.

La mujer asintió y, sin perder tiempo, recorrió el pueblo, casa por casa, pidiendo el vino. Sin embargo, en cada una de las casas que visitó sucedió lo mismo. Todos estaban dispuestos a regalarle el vino, pero al preguntar si había muerto alguien, ella encontró que todos los hogares habían sido visitados por la muerte. En una vivienda había muerto una hija, en otra un sirviente, en otras el marido o uno de los padres.

Kisagotami no pudo hallar un hogar donde no se hubiera experimentado el sufrimiento de la muerte.

Al darse cuenta de que no estaba sola en su dolor, la madre se desprendió del cuerpo sin vida de su hijo y fue a ver a Buda. Se arrodilló frente a él y le dijo:

–Gracias... Comprendí.

## De la confusión al conformismo

Los estudios de los sociólogos ponen de manifiesto que los habitantes de los países más desarrollados tienden a construir un modelo de vida que les permita confirmar en los hechos que el mundo es básicamente un lugar agradable, donde impera la justicia, donde todas las personas son buenas y generosas en un entorno filosófico en el que cada uno merece tener lo que desea con sólo desearlo. Es decir, una prolongación de lo que los padres de nuestra cultura le hemos hecho creer a nuestros hijos.

Dentro de este contexto educativo "sobreprotector y mentiroso", un trauma relativamente menor puede tener un enorme impacto psicológico, que intensifica la autodescalificación. El dolor o la tristeza, la frustración o la postergación de lo deseado dejan de verse como naturales y humanos, se les considera una anomalía, una señal de que algo ha sido mal hecho, como un fracaso de algún sistema, una violación de nuestro derecho a la felicidad y hasta una confabulación en nuestra contra.

Todos estos pensamientos conllevan muchos peligros.

*Si pensamos que la frustración es algo antinatural, algo que no debiéramos experimentar, muy pronto buscaremos un culpable.*

Si me siento desgraciado, tengo que ser una víctima de algo, de alguien o de algunos.

En esta dirección, el que nos castiga con el sufrimiento puede ser el gobierno, el sistema educativo, unos padres abusivos, una familia disfuncional, el sexo opuesto o nuestro cónyuge.

### El Grupo de la VID
### (Víctimas de Injusta Discriminación)

Un grupo interesante de infelices es el de aquellos que se identifican a sí mismos como víctimas *para evadir la responsabilidad que les corresponde sobre su infelicidad.*

Es casi irremediable y absolutamente comprensible que alguien que ha sido sometido a vejámenes y agresiones continuas en etapas anteriores o si es objeto de persecuciones constantes en el presente termine quedándose en el lugar de víctima, aunque sea transitoriamente.

Pero, para muchos, haber padecido estos hechos no es imprescindible para entrar en el club de las Víctimas de Injusta Discriminación.

## Socios del 1 al 100,000

Muchos individuos se asumen como socios no por haber sido victimizados personalmente, sino porque son —determinan que son o se identifican con— miembros de un grupo que lo ha sido.

En nuestro mundo, y dado que históricamente las mujeres, los homosexuales, los niños, los enfermos, los artistas, los viejos, los discapacitados y casi todas las minorías han sido víctimas de algún tipo de discriminación o ataque, un miembro cualquiera de la humanidad puede encontrar posible y tentador *asumirse víctima*, aunque no sea sino como justificación y excusa frente a sí y a los demás.

## Socios del 100,001 al 200,000

Otra forma de calificar para asociarse a la VID es culpar de nuestra desdicha a las cosas que nos hacen diferentes a la mayoría. Los bajos, los altos, los gordos, los feos, los que sufren de halitosis, los pobres, los desqueridos, los abandonados, los adoptados, los viudos y los que transpiran demasiado, entre otros, encuentran a veces en sus "estigmas" razón y motivo para sentirse excluidos del concierto de la mayoría. Aunque, modestamente, creo que deberíamos hablar un largo rato sobre cada uno de estos grupos antes de animarnos a clasificarlos como portadores de algún handicap negativo.

En primer lugar, porque al hablar de marginación es casi un deber recordar aquel viejo cuento del hombre que compró el costosísimo libro de cocina.

El tomo, de tapa dura y cubierta plastificada, se llamaba *Gustos contemporáneos de la cocina austro-húngara*.

El hombre llegó a su casa, se sentó en su más cómodo sillón, se sirvió una copa de su mejor vino tinto, encendió la luz de lectura y se dispuso a leer. Entonces descubrió, con no poca sorpresa, que el libro sólo tenía una página impresa, la primera, que decía:

"Como usted sabe, sobre gustos... no hay nada escrito."

Como ya he sugerido, los supuestos marginados y marginadas tienen muchas veces un problema de ansiedad o de falta de iniciativa y no necesariamente un problema de rechazo.

En segundo lugar, porque desconfío. Cualquier pequeñísimo análisis psicológico que hagamos, con o sin ayuda profesional, mostrará que los integrantes de este grupo se *autoexcluyen* mucho antes de ser excluidos, lo que de alguna manera los muestra como los verdaderos discriminadores de la película. "Si yo fuera flaco también despreciaría a los gordos", dice el gordo del barrio.

El mayor de los irónicos del humor y uno de los grandes pensadores de la historia, Groucho Marx, lo esclareció para siempre en su frase magistral:

"Yo jamás sería socio de un club que estuviera dispuesto a aceptar socios como yo."

(¡Maravilloso!)

Y por último, porque siempre dudé del "catastrófico previsto resultado fatal" de la vida de estos llorones usurpadores de lugares lamentables.

La verdad pragmática de la evolución real de estas supuestas víctimas de las circunstancias debe ser evaluada en el tiempo.

Tomemos un grupo que desde hace años me ha interesado mucho: el de los niños adoptados.

Aclaro que no tengo en mi familia ningún caso directo ni cercano de adopción para tomar como referencia. Mi interés empezó, como con otros temas, a raíz de una entrevista profesional.

Una paciente me consultaba por un problema con sus hijos (tenía dos). Ella y su pareja habían quedado embarazados unos meses después de recibir en adopción un niño, que habían solicitado dado que se les había diagnosticado una supuesta esterilidad idiopática. Tal paradoja es afortunadamente bastante frecuente: cancelada la ansiedad del embarazo, éste aparece de manera natural. El caso es que uno de los niños no podía controlar los celos que sentía por su hermano. A pesar de que papá y mamá habían seguido todos los consejos de los terapeutas más renombrados, habían manejado la realidad de la adopción de una forma muy saludable e inteligente, franca desde el comienzo y amorosa permanentemente, el problema de los celos era feroz, tanto que el niño empezaba a somatizar su angustia, transformándola en insomnio y cefaleas.

Yo, inexperto o condicionado, animé una interpretación tranquilizadora:

–Me parece que es lógico un poco de celos. Siempre sucede esto de la competencia entre hermanos; y en este caso es muy razonable que al saber de su diferente origen el niño adoptado se sienta desmerecido. Quizá sin darse cuenta usted y su marido le han dado cierta preferencia al hijo de su sangre, tan deseado y esperado...

–No, doctor —en aquel entonces mis pacientes me llamaban doctor—, mi esposo y yo nunca hicimos diferencia de trato, pero además el celoso es el hijo biológico, no el adoptado.

Yo me quedé helado, me sentí un estúpido por mi comentario. Ella siguió:

–Cuando pensamos que era el momento les hablamos a ambos de su origen. Al menor le contamos cómo había nacido de la panza de mamá y cómo papá lo había esperado para recibirlo apenas saliera por la vagina. Al mayor le contamos que lo fuimos a buscar a un lugar donde había muchos bebés que no tenían mamá y que paseando entre las cunas lo vimos a él y nos sonrió. Le dijimos que al alzarlo en brazos nos sentimos tan felices que pedimos que nos dejaran llevarlo con nosotros y lo adoptamos. Mi hijo menor sostiene que a su hermano lo elegimos nosotros... ¡y a él no!

Desde entonces siempre me interesó mucho el tema, y en cada investigación encontraba lo mismo: las supuestas víctimas sindicadas, los pobrecitos niños adoptivos, tenían grandes ventajas adquiridas si se les evaluaba pasado un determinado tiempo.

Sólo como ejemplo: un estudio de junio de 1995 del National Institute of Mental Health Bethesi encontró que los adolescentes adoptados reportaron menores índices de comportamiento impropio —beber o robar— que los adolescentes criados por sus padres biológicos. Además, ochenta y cinco por ciento de los niños adoptivos obtuvo un mejor puntaje promedio en indicadores de bienestar, incluyendo amistades y desempeño académico.

*Socios del 200,001 en adelante*

Finalmente, hay un grupo de víctimas que está compuesto por quienes han sido excluidos o victimizados por su propio comportamiento y luego culpan a otros de las consecuencias de sus actos. Casos:

- Los empleados que han sido despedidos por su proceder irresponsable y luego culpan de su desempleo a la persona que los despidió.

- Los estudiantes que reprueban sus exámenes y luego culpan a los profesores de sus malas calificaciones.

- Las mujeres que se enamoran repetidamente de varones despreciables, ignoran a los hombres buenos que se sienten atraídos por ellas, y luego culpan a todos los hombres de sus problemas.

- Los pueblos que se desentienden de las responsabilidades que les atañen a la hora de elegir a sus gobernantes y se quejan de ser oprimidos por una clase dirigente corrupta.

- Los especuladores que son timados cuando trataban de aprovecharse de la supuesta ingenuidad del que luego los estafó.

---

**El riesgo obvio de asignar culpas y mantener
una postura de víctima es, precisamente,
eternizar nuestro sufrimiento, enquistado, anidado
y latiendo en el odio; perpetuar el dolor potenciado
por nuestro más oscuro aspecto: el resentimiento.**

---

Los problemas son parte de nuestra vida.

Los problemas, por sí solos, no provocan automáticamente el sufrimiento.

Si logramos abordarlos con decisión y compromiso, si logramos centrar nuestras energías en encontrar una solución, el problema puede transformarse en un desafío.

Solemos quejarnos diciendo: ¡No es justo!

Pero... ¿de dónde sacamos nosotros que lo natural es la justicia?

De hecho no lo es.

No es justo que los ríos se desborden y arrasen construcciones hermosas.

No es justo que las erupciones volcánicas sesguen cientos de vidas.

No es justo que un incendio forestal termine con la existencia de miles de animales

No obstante, si nos quedamos en el pensamiento o en la queja de lo que es justo o injusto, añadimos un ingrediente de malestar y de distracción. Así, pasamos a tener dos problemas en lugar de uno.

> El sentimiento puramente vindicativo frente
> a la injusticia nos priva de la energía necesaria
> para solucionar el problema original.

## Primera gran confusión: identificar felicidad con éxito

Como veremos después, la comparación con lo que otros tienen es una de las maneras favoritas de construir expectativas. Existe una gran tentación en la que todos caímos alguna vez: comparar la felicidad propia con la que imaginamos que disfrutan los exitosos.

Para promover nuestro bienestar, una buena tarea de investigación sería hablar con aquellos que han logrado grandes éxitos y preguntarles si son felices. Siempre encontraremos lo mismo: los que dicen que lo son, ya lo eran antes de obtener el éxito; y quienes eran desdichados antes de tener éxito, continúan siendo desdichados después o son todavía más infelices que antes (como siguen equiparando el éxito con la felicidad y no la han alcanzado, dedican más tiempo a buscar mayores éxitos que a realizar aquellas cosas que en realidad les permitirían sentirse felices).

¿Por qué tenemos tanto "rollo", entonces, con el éxito?

Muchos de los pacientes que he atendido perseguían el éxito porque sus padres sólo les demostraban amor cuando eran exitosos. Aprendieron, pues, a buscar el éxito para ser amados.

Para otros, el éxito profesional actúa como disparador natural del aplauso del afuera y se han vuelto adictos a esta valoración. A partir de allí, la droga del reconocimiento o la admiración de los demás es buscada en dosis cada vez mayores para calmar el dolor del silencio o conjurar el temor enfermizo a la crítica.

Los hombres, en particular, tienden a equiparar la felicidad con el éxito profesional y material porque creen que éste atrae a las mujeres. Tal es la fuerza motivacional de la atracción entre los sexos.

Por igual razón, muchas mujeres condicionan su felicidad a sentirse bellas y deseadas.

Algunos de nosotros hemos vivido largos periodos de nuestra vida persiguiendo el éxito, creyendo firmemente que sin él no hay felicidad posible. Sufrimos y nos sentimos frustrados e infelices cada vez que fracasamos en una tarea.

La salida de la confusión deviene de encontrar otra fuente de valor y dignidad no ligada al éxito, ni al aplauso, a partir de la cual podamos relacionarnos con el mundo que nos rodea sin competir con el otro para llegar más lejos, para saltar más alto, para ser el mejor: se trata del vínculo que se establece simplemente por saberse perteneciente a la comunidad humana.

Es evidente que compartimos esa virtud con todos y es importante darse cuenta de que ese vínculo es suficiente para crear una conciencia de valoración y respeto que debe permanecer intacta, aun en el caso de aquellos que han perdido todo lo demás.

Una red de contención y una fuente de serenidad que permanezca incólume frente a los problemas, las frustraciones cotidianas y las fluctuaciones de nuestro estado de ánimo, o mejor aún, que se fortifique en los momentos difíciles. Una sensación de pertenencia que es parte natural de la matriz misma de nuestro ser.

Desde esa perspectiva, nos resultará más fácil no desesperarnos cuando algo "NO sale", porque sabremos que merecemos el reconocimiento, el respeto y la consideración de los demás por el simple hecho de ser uno entre todos.

Sin duda, este descubrimiento cancela para siempre uno de nuestros más primitivos y ancestrales temores: el miedo a ser abandonados. Estoy seguro de que dicho "descubrimiento" puede tener un efecto muy profundo, hacernos más receptivos, más comprensivos, más solidarios y más abiertos a la alegría de vivir.

## Segunda gran confusión:
## equiparar la felicidad con el placer

Como ya hemos visto, la gente suele identificar *ser feliz* con estar disfrutando de lo que sucede. Hasta dice: "Soy tan feliz..." el día que todo ha salido como pensaba o cada vez que le ocurre algo muy divertido.

Al pedirle, por ejemplo, que imagine una escena con gente feliz, la mayoría evoca de inmediato la imagen de personas riendo, jugando o bebiendo en una fiesta. Pocos imaginan a una pareja criando a un hijo, a un matrimonio que cumple cincuenta años de casados, a alguien que lee un libro o a personas haciendo cosas trascendentes.

Pero "pasarla bien" no crea felicidad, porque —como sucede con toda diversión— el placer que produce termina cuando se acaba el entretenimiento, y en ese mismo instante todas las personas que llegaron desdichadas, comienzan a sentir otra vez su infelicidad y se vuelven dependientes de la búsqueda desenfrenada de placer como única forma de escape. No es necesario aclarar que esto conspira contra la felicidad en lugar de acercarla.

Las comidas deliciosas pueden ser una gran fuente de placer para los que amamos la buena mesa y, sin embargo, si hacemos pasar nuestra capacidad de goce exclusivamente por el paladar, tarde o temprano los viejos placeres gastronómicos se volverán una fuente de desdicha y no de felicidad.

Es esta confusión de placer instantáneo con felicidad lo que motiva que muchos hombres y mujeres sostengan con convicción que como no se puede estar siempre gozando de lo que sucede, la felicidad no existe más que en fugaces momentos placenteros.

Retomemos el ejemplo de la comida e imaginemos un nutritivo plato elaborado según las reglas tradicionales de la higiene y la vida sana como metáfora de todas las necesidades básicas de nuestra vida: los nutrientes representan nuestras ocupaciones diarias y los condimentos equivalen a la diversión o el placer. Si bien para muchos es cierto que la comida sin condimento hace del comer un trabajo más, nadie ignora que no podríamos alimentarnos sólo de especias; no sólo porque la comida contiene los nutrimentos imprescindibles para vivir, sino porque en realidad el condimento sólo sirve para realzar el sabor de aquello que es condimentado.

Hay quienes han sido educados de manera tal que asocian el placer de la comida al pecado o la enfermedad, y hasta puede que sean personas más saludables; pero muchos jamás disfrutarán de una buena cena (no se vive más comiendo comida macrobiótica sin sal —dice mi amigo Quique—, lo que sucede es que la vida se te hace más larga).

La publicidad de los alimentos para perros tiene la clave precisa: nutrición y sabor.

Si algo me sale bien, o si hago un buen negocio, o si gano mucho dinero, puede ser que me sienta feliz o puede ser que no. De hecho, nada garantiza que algo agradable, que me da cierta cuota de alegría, se identifique con la felicidad. Que me cuenten un chiste y me ría no quiere decir que esté siendo feliz.

### Tercera gran confusión:
### creer que con el amor es suficiente

Se dice que

Aquellos que ligados a las novelas románticas esperan el amor de su vida.

Aquellos que idealizan el vínculo creyendo que todo está allí esperando.

Aquellos que creen que si hay amor todo lo demás no tiene importancia.

Aquellos que creen en la historia de la media naranja.

Aquellos cuya única referencia filosófica es el bolero.

Aquellos que usaron su frustración para justificarlo todo.

Aquellos que podrían suicidarse por amor, pero no están dispuestos a vivir por él.

Aquellos que creen que el amor es desaparecer en el otro.

Aquellos que luchan por sostener lo imposible, los amores incondicionales, eternos e infinitos.

Aquellos, por fin, que en lugar de traerle poesía a sus vidas pretenden hacer de sus vidas un poema de amor...

...no pueden estar equivocados.

Entre otras cosas, porque cada vez son más.

Y de hecho es verdad, no están equivocados, simplemente están confundidos:

La vida es una transacción amorosa, no una transacción comercial.

En 1995, la Asociación Estadunidense de Hospitales Veterinarios realizó una encuesta entre los dueños de mascotas. Los resultados que arrojó son, por lo menos, llamativos:

- Sesenta por ciento declaró que si estuviera en una isla desierta su compañía preferida sería su mascota y no otra persona.

- Cuarenta y siete por ciento afirmó que si su perro y un extraño se estuvieran ahogando, salvaría primero a su perro, y veinticinco por ciento contestó que no sabría qué hacer.

- Setenta y dos por ciento incluyó a su mascota entre sus cinco afectos más importantes.

- Por último, casi treinta por ciento de los encuestados admitió que había por lo menos un miembro de su familia de origen con el cual no se veía o al que prefería no volver a ver nunca más. Todos ellos aseguraron que no sabrían cómo sobrevivir a la muerte de su perro o de su gato.

Creo que la razón de estas respuestas no es difícil de imaginar.

El amor que sentimos por nuestras mascotas es absolutamente compensado con un igualmente incondicional amor de su parte. Y este amor mutuo es de la mejor calidad: "el regocijo por la sola existencia del ser amado", al decir de Joseph Zinker en su definición del verdadero amor.

Evidentemente, la idea de sostener tamaña incondicionalidad se acaba con nuestros padres. Es indudable que merecemos un trato decente de parte de todos los seres humanos y que estamos de alguna forma obligados a retribuirlo; pero es preciso construir y actualizar permanentemente el respeto y el amor.

No podemos seguir reclamando como bebés ese amor incondicional infantil e inexistente.

Yo lo sé, tú lo sabes, todos lo sabemos...

Y de todas maneras, de vez en cuando nos desesperamos porque no lo conseguimos y seguimos soñando con encontrarlo.

*El amor adulto nunca es incondicional. Depende de lo que doy y lo que recibo.*

Y hay que nutrirlo y alimentarlo. No importa cuánto haya llegado a amar a mi pareja; este amor depende de cómo se conduzca el otro, de lo que sienta por mí, de su manera de actuar.

Por lo tanto, habrá que aprender a cuidar a los amigos, a darles un valor sustancial, importantísimo. Porque a veces nos olvidamos.

Conozco un paciente que estuvo tan ocupado trabajando para juntar el dinero que necesitaba para comprarle el regalo que su mejor amigo deseaba para su cumpleaños, que durante el año no tuvo ni siquiera media hora para charlar con él.

Habrá que aprender a pedir ayuda cuando uno no puede.

Habrá que aprender a agradecer esa ayuda, ser capaz de valorarla.

Habrá que aprender también a no esperar el aplauso, la gratitud o el reconocimiento, que a veces llega y a veces no.

Habrá que tener cuidado, para no distraerse.

### Cuarta gran confusión: escapar del dolor

Probablemente como resultado de la suma de estas tres confusiones, se produzca esta identificación hedonista:

*Éxito + Placer + Amor = Felicidad*

Aterrizamos en una de las creencias de las que ya hablé en una hoja de ruta anterior,[1] la idea de que "debemos evitar el dolor".

Esta premisa es la consecuencia lógica del siguiente razonamiento: si lo gozoso y disfrutable nos lleva a la felicidad, el dolor conduce a la desdicha.

No es así.

- Muchos evitamos situaciones importantes, intensas y trascendentes que quizá formen parte indisoluble de nuestro camino a la felicidad, creyendo que estamos luchando por ser más felices.
- Muchos fuimos educados por nuestros padres para tratar de construir una vida libre de dolor.
- Muchos hemos trabajado arduamente para alejar a nuestros hijos de cualquier herida, sin darnos cuenta de que así impedíamos que aprendieran a manejar su frustración.
- Muchos deberíamos tener la madurez de enseñar y el valor de aprender que parte del camino que lleva a la felicidad implica necesariamente algún dolor.

Y sin embargo, he aprendido con los años, con la vida, con la profesión y luego otra vez con "los más años" que es importante (yo no me atrevería a decir imprescindible) aprender a NO intentar escapar de la pena.

El dolor es una manera de enseñarte dónde está el amor. El dolor de afuera y el dolor de adentro: el dolor de tu cuerpo, que te avisa que algo está funcionando mal, y el dolor que te avisa que estás yendo por un camino equivocado.

No somos tan frágiles como para no soportar los dolores. Somos vulnerables, pero no frágiles.

---

**El dolor es un maestro,
está allí para enseñarnos un camino.**

---

Cuidado con temer al dolor.

Si en un momento te toca sufrir, no te asustes no te escapes, no te rindas. Puede ser que la realidad te haga retroceder, pero de todas maneras lo importante, acuérdate, es estar en camino, no llegar a algún lugar.

### Quinta gran confusión: sobrevalorar lo que falta

Cuentan que...

Un día, a comienzos del invierno, llega al correo una carta muy especial dirigida a Dios.

El empleado que clasifica la correspondencia se sorprende y busca el remitente:

Pucho

Casilla verde sin número, calle sin nombre

Villa de Emergencia Sur

Intrigado, el hombre del correo abre la carta y lee:

Querido Dios:

Nunca supe si era cierto que existías o no, pero si existes, esta carta va a llegar a ti de alguna manera. Te escribo porque tengo problemas. Estoy sin trabajo, me van a echar de la casucha donde vivo porque hace dos meses que no pago y hace mucho que mis cuatro hijos no comen un plato de comida caliente. Pero lo peor de todo es que mi hijo menor está con fiebre y debe tomar un antibiótico con urgencia. Me da vergüenza pedirte esto pero quiero rogarte que me mandes 100 pesos. Estoy tratando de conseguir un trabajo que me prometieron, pero no llega. Y como estoy desesperado y no sé qué hacer, te estoy mandando esta carta. Si me haces llegar el dinero, ten la seguridad de que nunca me voy a olvidar de ti y que les voy a enseñar a mis hijos que sigan tu camino.

Pucho

El empleado del correo termina de leer esto y siente una congoja tremenda, una ternura infinita, un dolor incomparable...

Mete la mano en el bolsillo y ve que tiene 5 pesos. Es fin de mes. Calcula que necesita 80 centavos para volver a la casa... Y piensa: 4.20...

¡No sabe qué hacer!

Entonces empieza a recorrer toda la oficina con la carta en la mano, pidiéndole a cada uno lo que quiera dar.

Cada empleado, conmovido, pone todo lo que puede, que no es mucho porque estamos a fin de mes. Un peso, cincuenta centavos, tres pesos...

Hasta que, al final del día, el empleado cuenta el dinero reunido: ¡75 pesos!

El hombre piensa: "¿Qué hacer? ¿Espero a la semana que viene hasta conseguir los otros 25 pesos? ¿Le mando esto? No... el niño está mal... le mando lo que tengo, será mejor...".

Mete los 75 pesos en un sobre, anota el domicilio y se lo da al cartero, que también está al tanto de la situación.

Dos días más tarde, llega al correo una nueva carta dirigida a Dios.

Querido Dios:

Sabía que no podías fallarme. Yo no sé cómo te llegó mi carta, pero quiero que sepas que apenas recibí el dinero compré los antibióticos y Cachito está fuera de peligro. Les di una buena comida caliente a mis hijos, pagué parte de la deuda de la casucha, y el trabajo que me iba a salir ya me lo confirmaron, la semana que viene empiezo a trabajar. Te agradezco mucho lo que hiciste por nosotros, nunca me olvidaré de ti y creo que si me acompañas mandándome trabajo no necesitaré volver a pedirte dinero jamás.

Posdata: Aprovecho para decirte algo. Yo no soy quién para darle consejos a Dios, pero si vas a mandar dinero a alguien más: *no lo mandes por correo porque a mí me afanaron 25 pesos.*

Pucho

El ser humano tiene la tendencia a sabotear su propia felicidad, y una de las maneras más comunes y efectivas es la de buscar la más mínima imperfección hasta en los escenarios más hermosos.

Más allá del cuento, esta tendencia se demuestra con sencillez:

Entramos en un museo de arte y empezamos a recorrer la galería donde se expone una decena de cuadros, colgados en línea, uno al lado del otro.

De pronto encontramos un espacio vacío en la pared, entre dos obras.

Nunca saltaremos el lugar vacío simplemente ignorándolo; al contrario, nuestra atención se dirigirá tenazmente a ese lugar vacío, el "ocupado" por el cuadro faltante.

En psicología se habla de la *presencia de lo ausente.*

Por supuesto que nuestra vida *es* una galería de arte, y recorriéndola encontraremos siempre el hueco de algunas cosas faltantes.

Más aún, cuando no falte nada quizá inventemos la obra que podría estar allí para mejorar lo que se ve...

Todos somos capaces de imaginar una vida más perfecta; lo destructivo en todo caso es que ese imaginario sea utilizado para fabricarnos un argumento que nos condene a vivir pendientes de lo que falta.

Me fastidia que se llame a este mecanismo "una ambición saludable" cuando en realidad es sólo "una estupidez infinita".

Cada vez que hablo o escribo sobre la necesidad de bajar las expectativas; cada vez que reniego del valor del esfuerzo; cada vez que cuestiono el sacrificio en pos de una consecuencia mejor; cada vez, por fin, que menciono la palabra *aceptación*, alguien se pone de pie, me señala con el dedo índice, mira a su alrededor buscando cómplices para lo que sigue y me grita: "¡Conformista!".

Desde el sentido estricto de la palabra, la idea de *conformar-se* (adaptarse a una nueva forma) me parece encantadora. Y, por lo tanto, la idea de ser un conformista, uno que prefiere conformarse, no sólo no me insulta sino que me halaga.

El diccionario de la Real Academia Española y el diccionario etimológico de Corominas asocian *conformarse* con otros verbos para nada despreciables:

- Concordar,
- ajustarse,
- convenir,
- sujetarse voluntariamente a algo,
- tolerar las adversidades,
- proporcionarse,
- configurar,
- corresponder,
- ser paciente,
- unirse... y otros.

Y, sin embargo, como muchas otras veces, el uso popular le confiere algunas acepciones de baja calidad que lo hacen sonar como emparentado con el desinterés de los estúpidos o la tendencia a la sumisión de los débiles.

Pero *conformarse* no significa dejar de estar interesado en lo que sucede ni bajar necesariamente la cabeza. No tiene que ver con la resignación, sino con reconocer el punto de partida de un cambio, con el abandono de la urgencia de que algo sea diferente y la gratitud con la vida por ser capaz de intentar construir lo que sigue.

*Este agradecimiento con la vida es una de las claves de la felicidad, y todo lo que socave esa gratitud habrá de ponerle trabas a la posibilidad de ser felices.*

Las expectativas son dañinos obstáculos para una buena relación con la vida. Es casi obvio que cuantas más expectativas tengamos, menos habremos satisfecho y por tanto menos gratitud sentiremos. Es más, si obtuviéramos lo esperado, tampoco habría espacio para estar agradecidos, porque lo esperable era que así sucediera. Tener expectativas significa considerar algo ambicionado como inevitable.

Si esperamos despertar mañana, es poco probable que nos sintamos agradecidos por estar vivos.

La mayor parte de nosotros agradece la vida solamente en los primeros instantes posteriores a una situación de peligro mortal.

Para muchos, el único momento en que la salud nos da felicidad es cuando no esperábamos estar sanos y lo estamos.

Descubro un extraño bultito en mi axila. Voy al médico y me dice que parece sospechoso y que es necesario hacer una biopsia. Después de esperar durante una semana los resultados, se descubre que el tumor es benigno. Pasaré uno de los días más maravillosos de mi vida y festejaré con mis seres queridos mi rebosante salud...

Éste es el absurdo. Un día antes de descubrir el tumor, yo no estaba ni un poquito más sano que el día en que el médico me confirmó que el tumor era benigno.

Nada ha cambiado en mí, y sin embargo...

Acompáñame en este odioso planteamiento que no por hiriente deja de ser cierto:

En épocas pasadas, cuando los índices de mortalidad perinatal eran siniestros y la mayoría de los niños moría antes de cumplir un año de vida, los padres no se sentían tan desolados como se encuentran hoy con la muerte de un hijo. Los adultos de entonces no esperaban ciertamente que los niños sobrevivieran a la infancia y su falta de expectativas (no su falta de amor) conjuraba su desdicha.

## Expectativas de padres e hijos

Pero estamos entrenados para desarrollar más y más expectativas día a día.

Para descubrir cómo bajarnos de ellas hay que preguntarse: ¿Como se construyen las expectativas?

Es probable que se establezcan de dos maneras: una pasiva y otra activa.

El método pasivo consiste básicamente en la sumisa actitud de acumular mandatos y condicionamientos parentales sin siquiera revisarlos... nunca.

Es correr detrás de querer parecerme a esa imagen idealizada, que representa el fiel reflejo de lo que mis padres, mi abuelo, mi maestro de quinto grado, el cura de mi pueblo o no sé quién, esperaban de mí.

El segundo método requiere de un trabajo personal y una complicidad en el proceso. Consiste en obedecer la instrucción recibida respecto de comparar todo lo que se posee con todo lo que los otros tienen, han tenido o podrían llegar a tener. La complacencia esperada sólo aparece si se consigue tener todo lo que los otros tienen o, mejor aun, más que ellos.[2]

Rebelarse al mandato es dejar de mirar la milanesa del plato del vecino cuando te sirven la tuya. La tuya puede gustarte o no, pero eso no debería depender de cómo sea la milanesa del otro. Que no te guste puede ser cierto, pero no tiene nada que ver con la milanesa del otro. No puede ser que tu milanesa deje de gustarte cuando ves que la del otro es más crujiente, más tierna o más grande. No es así.

Si de verdad no quieres vivir en un mundo lleno de expectativas, no vivas comparándote.

No evalúes lo que tienes basándote en lo que el otro tiene.

No te vuelvas loco por conseguir con base en lo que el otro consiguió.

*No te compares: así evitarás que tu felicidad dependa de otros.*

Nuestros padres, adorables, nos enseñaron a crear nuestras propias expectativas y plantaron en nuestro jardín las suyas para que florecieran.

Incluso los padres más bondadosos y esclarecidos se constituyen a menudo en los mayores causantes de algunos de los caminos más infelices.

Hace falta asumirlo. En algunas cosas, como en ésta, los padres somos ineptos o por lo menos ineficaces.

¿Cómo podríamos no serlo?

Todo el trabajo que hacemos eficientemente cada día ha requerido de años de práctica y ensayo cuando no de un franco y duro entrenamiento especializado. Entretanto, se espera de nosotros que eduquemos a nuestros hijos, nacidos vulnerables y absolutamente dependientes desde el mismo momento del parto hasta más allá de la adolescencia, sin ninguna experiencia previa (a no ser que llamemos experiencia al modelo en general deplorable que nos legaron nuestros propios padres...).

Y encima obligados por la sociedad a cargar con responsabilidades que más parecen diseñadas para un ser todopoderoso que para un padre o una madre comunes apenas humanos.

Declaro en voz alta: nosotros los padres ¡no somos dioses infalibles! ¿Y qué?

Cierto es que el poder de los padres sobre los hijos es casi injusto. Pero consuela, aunque sea un poco, darse cuenta de que lo es, tanto para éstos como para aquéllos.

Lógicamente, los hijos no tendríamos por qué vivir las

consecuencias de la ineficiencia de nuestros padres por el resto de nuestras vidas: el control exagerado o la actitud distante, las peleas entre ellos y la falta de respeto producto del autoritarismo necio de su poder.

Tampoco la inmunda intención, más o menos oculta según los casos, de que *nosotros* llenemos las carencias de *sus* vidas... continuemos *su* obra... o lleguemos adonde *ellos* habrían deseado llegar.

Por estas y otras razones —que no voy a enumerar aquí— a veces aquellos padres que *quieren* sinceramente ayudarnos a ser felices, lo hacen solamente desde su subjetiva visión de lo que es mejor y se transforman en auténticos obstáculos para esa felicidad.

Es cierto, todo esto es injusto, y quizá no sería tan grave si no fuera porque a estas debilidades y a estas heridas se sumará la maldad de algunos que tratarán de aprovecharlas en su propio beneficio.

Es necesario tomar una decisión:

En lugar de permitir que todo esto me impida ser feliz —lo cual sólo significaría una victoria del equipo de los "malosos" (como se les llama en México)—, habrá que ser valiente y ocuparse de luchar contra todo esto, reparar lo reparable, compensar lo que no lo sea y construir desde de las cenizas un mundo mejor.

Siempre que llego hasta aquí en mi discurso, alguien me pregunta si existe la maldad.

Contesto que sí.

Me preguntan si es innata.

Contesto que no.

Me preguntan qué se hace con ella.

Contesto:

*La maldad es el resultado de la ignorancia. Y la ignorancia, de la falta de educación. La maldad se combate con más y más y más educación.*

Nuestros países no resolverán la criminalidad creciente, la violencia y los desmanes sociales sólo con leyes más duras, construyendo cárceles o aumentando el cuerpo policiaco. Todo eso puede ser importante y tener efectos en lo inmediato, pero con el tiempo la solución definitiva sólo puede pasar por un lugar: más escuelas, más maestros, más presupuesto educativo, más becas, más educación.

Creo que por eso me gusta decir que soy *docente*; siento que así defino mejor mi deseo y mi manera de oponerme a la infamia, la injusticia o la maldad.

## Genética o filosofía de la vida

De todas maneras, como puede confirmarlo cualquier padre y como cada vez más lo muestran los estudios científicos realizados, nacemos ya dotados de ciertos rasgos de personalidad, con determinadas características, que nos harán distintos de nuestros hermanos criados por los mismos padres en el mismo entorno. Así como la medicina clásica determinaba los cuatro temperamentos básicos y encontraba correlatos clínicos entre las enfermedades somáticas y los rasgos temperamentales, la psicogenética parece haber confirmado que algunos de nosotros hemos nacido con una personalidad predispuesta hacia el optimismo o la alegría y algunos con una personalidad predispuesta a la queja pesimista. (Lo que la ciencia no parece resolver es el gran enigma: ¿por qué estos dos tipos de personas se casan siempre con alguien del otro grupo?)

Últimamente, los científicos de la psicología experimental han sugerido que existe un "nivel de base" de bienestar general que varía de individuo en individuo y al que cada uno tiende a regresar más o menos independientemente de las condiciones externas que lo afectan.

Ahora bien, ¿qué es lo que determina ese nivel de

optimismo de base? ¿Cómo puede modificarse y establecerlo en un nivel superior?

Muchos investigadores coinciden en que ese nivel habitual de bienestar está determinado genéticamente; es decir, que cada individuo nacería con una tendencia a "sentirse feliz" determinada biológicamente, y presente por lo tanto en alguna conexión o estructura del cerebro desde el momento del parto. (Algo para agregar a nuestro ya conocido factor F y que tampoco se determina por los hechos cotidianos.)

Gemelos univitelinos (que comparten la misma dotación genética) tienden a mostrar niveles anímicos muy similares, al margen de haber sido educados juntos o separados y más allá de lo que les pase en sus vidas particulares.

Lo dicho podría llevar al lector incauto a verse tentado a abandonar la responsabilidad sobre su propia sensación de felicidad en la azarosa configuración genética "ligada en el reparto". Esto puede resultar muy atractivo para evitar decidir *qué hago a partir de ser el que soy.*

En otras palabras, la exploración y la conciencia de mi tendencia a la insatisfacción pueden y deben conducirme a un trabajo más arduo conmigo mismo en lugar de guiarme a un abandono resignado a "mi mala suerte". La tarea es el desarrollo de cierta disciplina interna que me permita experimentar una transformación de mi actitud, una modificación de mi perspectiva y un mejor enfoque acerca de la vida, el éxito o la felicidad misma.

Admitir que este recorrido es más sencillo para unos que para otros no invalida que siga siendo un camino para todos, como ya expliqué con el ejemplo del piano.

Si la disposición innata fuera la única explicación de por qué algunas personas son felices a pesar de haber enfrentado grandes adversidades y otras desdichadas pese a haber recibido miles de bendiciones, la psicoterapia, la religión y una filosofía de la vida —para no mencionar libros como éste— serían inútiles porque nuestra felicidad estaría determinada solamente por esa disposición innata. Esto es, en el lenguaje popular: la hiciste, eres feliz; no la hiciste, te jodes.

Pero no somos computadoras programadas. Podemos determinar cómo reaccionaremos ante cada acontecimiento; y tomamos esta decisión con base en cientos o miles de factores diferentes en cada momento. Nuestra felicidad depende en gran medida de lo que hacemos, y esta reacción a su vez está condicionada por nuestra perspectiva, nuestro análisis, nuestra lectura y comprensión de los hechos que nos son informados por nuestros sentidos.

*Yo sostengo que, más allá de ciertos determinantes reales, nuestra posibilidad de ser felices está mucho más relacionada con nuestra filosofía de la vida que con la bioquímica de los neurotransmisores que heredamos.*

Pensar en lo hereditario me des-responsabiliza del resultado. Pero si no es un tema genético, ¿cómo hago para salir del encierro? ¿Cómo consigo deshacerme del condicionamiento que genera la educación que recibí y que luego trasladé a mis hijos en complicidad con la sociedad entera?

Es básicamente un cambio de actitud, que empezará a suceder el día del descubrimiento (des-cubrimiento) de que puedo sanar mi conexión competitiva y mezquina con el mundo.

La vida se evalúa basándose en el recorrido, no en el lugar de llegada.

La vida se evalúa con base en cómo transito, no con base en cuánto consigo juntar en el camino.

Cuánto acumulé es un tema de vanidades, un tema de darle el gusto a mamá, de ser alguien, de destacarse.

Y éste no es el camino.

El camino no es satisfacer a quienes hubieran querido que seamos tal o cual cosa.

El camino de mis hijos no es darme el gusto a mí, que quiero que sean por lo menos inteligentes, ricos, fuertes, lindos y afortunados (claro, mi abuelo nos decía: "Es mil veces mejor ser rico y sano que pobre y enfermo...". ¡Preclara verdad incuestionable!).

Si apuntamos sólo al resultado, no vamos a obtener casi nada.

No se trata de ir en pos de los resultados, porque evaluando resultados se arriba a falsas conclusiones de la realidad.

En la serie de charlas que tuvimos en público con mi querido amigo Marcos Aguinis, relaté una graciosa historia que hoy me animo a repetir aquí:

Había una vez, en un pueblo, dos hombres que se llamaban Joaquín González. Uno era sacerdote de la parroquia y el otro era taxista. Quiere el destino que los dos mueran el mismo día. Entonces llegan al cielo, donde los espera san Pedro.

–¿Tu nombre? —pregunta san Pedro al primero.

–Joaquín González.

–¿El sacerdote?

–No, no, el taxista.

San Pedro consulta su planilla y dice:

–Bien, te has ganado el paraíso. Te corresponden estas túnicas labradas con hilos de oro y esta vara de platino con incrustaciones de rubíes. Puedes ingresar...

–Gracias, gracias... —dice el taxista.

Pasan dos o tres personas más, hasta que le toca el turno al otro.

–¿Tu nombre?

–Joaquín González.

–El sacerdote...

–Sí.

–Muy bien, hijo mío. Te has ganado el paraíso. Te corresponde esta bata de lino y esta vara de roble con incrustaciones de granito.

El sacerdote dice:

-Perdón, no es por desmerecer, pero... debe haber un error. ¡Yo soy Joaquín González, el sacerdote!

-Sí, hijo mío, te has ganado el paraíso, te corresponde la bata de lino...

-¡No, no puede ser! Yo conozco al otro señor, era un taxista, vivía en mi pueblo, ¡era un desastre como taxista! Se subía a las veredas, chocaba todos los días, una vez se estrelló contra una casa, manejaba muy mal, tiraba los postes de alumbrado, se llevaba todo por delante... Y yo me pasé setenta y cinco años de mi vida predicando todos los domingos en la parroquia, ¿cómo puede ser que a él le den la túnica con hilos de oro y la vara de platino y a mí esto? ¡Debe haber un error!

-No, no es ningún error —dice san Pedro. Lo que pasa es que aquí, en el cielo, nosotros nos hemos acostumbrado a hacer evaluaciones como las que hacen ustedes en la vida terrenal.

-¿Cómo? No entiendo...

-Claro... ahora nos manejamos por resultados... Mira, te lo voy a explicar en tu caso y lo entenderás enseguida. Durante los últimos veinticinco años, cada vez que tú predicabas, la gente dormía; pero cada vez que él manejaba, la gente rezaba. ¡Resultados! ¿Entiendes ahora?


Evaluar la vida a partir de resultados es una postura demasiado menor para tomársela en serio.

Privilegiando el *resultado* puedo, con suerte, conquistar *momentos* de gloria.

Privilegiando el *proyecto* y siendo éste el camino, ¡puedo cambiar esos momentos de esplendor por el ser feliz!

*El camino marca una dirección.*

*Y una dirección es mucho más que un resultado.*

## El sentido y el propósito son esenciales

La felicidad puede alcanzarse prácticamente bajo cualquier circunstancia, siempre y cuando creamos que nuestra vida tiene sentido y propósito. Volvamos una vez más a Viktor Frankl; fue el quien puso con claridad y por primera vez el acento en este hecho fundamental.

Como prisionero del campo de concentración observó, de la manera más dura posible, que la gente necesita un propósito para mantener su voluntad de vivir, y lo aplicó sobre sí mismo cambiando muchas veces la mitad del poco pan que recibía por una sábana rota donde seguir con sus anotaciones sobre la investigación. Ése era SU propósito, el mismo que —según él— lo mantuvo vivo.

*Si la necesidad de un sentido y un propósito es indispensable para la vida, cuánto más lo será para la felicidad, una de las características primordiales del ser humano.*

Yo sé que tengo una cierta tendencia (¿deformación profesional?) a encontrar lo positivo en casi cualquier situación. Algunas personas acusan a quienes tenemos esta actitud de que nos engañamos para ser felices, pero no comprenden su verdadero sentido. Casi siempre *hay* un elemento positivo en una situación negativa, así como casi siempre hay un aspecto negativo en una situación positiva.

Optar por encontrar lo positivo y centrarse en ello no es, en absoluto, una forma de engaño.

Buscar lo positivo no es creer a ultranza en el infantil e insostenible consuelo del estúpido refrán castizo: "No hay mal que por bien no venga".

Que es falso. Total y lamentablemente falso.

Negarlo sería negar el absurdo de los horrores de las guerras inútiles, es decir, lo absurdo de todas las guerras.

No hay nada deseable ni maravilloso en ser robado a la medianoche cerca de tu casa, saqueado y golpeado hasta sangrar. Pero, a pesar de todo, este horrible episodio debe servirte para algo; no por lo inherentemente bueno de la situación, sino por tu sabiduría de aprender algo bueno aun de lo peor.

Dicen que Jung sostenía: "Aquellos que no aprenden nada de los hechos desgraciados de sus vidas, fuerzan a la conciencia cósmica a que los reproduzca tantas veces como sea necesario para aprender lo que enseña el drama de lo sucedido".

Yo no creo en la sentencia, pero sostengo que hay algo para aprender en cada episodio de nuestra vida.

Y de ese aprendizaje, se crece.

Y con ese crecimiento, se enseña.

Hay un personaje de historieta, típico en Estados Unidos, llamado Ziggy. Se trata de un hombre metido para adentro que se vuelve insignificante con la excusa de su mala suerte y del condicionamiento de su declarada trágica historia personal.

Conflictuado como pocos, Ziggy va a su analista para que lo cure de su complejo de inferioridad. Dos años y cincuenta mil dólares después, el analista le dice a Ziggy:

—Puede tranquilizarse. Su complejo de inferioridad está superado. Lo que queda no es complejo, es su verdadera inferioridad.

Ziggy no hace, no dice, no actúa.

Nunca es su momento.

Nunca está listo.

Nadie lo ayuda nunca como él necesita ser ayudado.

Nadie lo comprende y el mundo confabula contra su "merecido" futuro mejor.

Muchos de estos Ziggys del mundo occidental, cuando ya no pudieron convencer a los demás de que la responsabilidad de su situación presente la tenía exclusivamente la infancia vivida, empezaron a difundir la idea del karma, el argumento de la mala estrella, la confabulación astral, los condicionamientos inexorables de las vidas pasadas y las terapias de ángeles de la guarda enojados porque no les prendemos velas del color que les gusta (?).

Sin embargo, uno de los problemas fundamentales de los Ziggys es justamente esperar que todo venga desde afuera.

Creen de verdad, pobres, que siempre aparecerá un PAPÁ dispuesto a salvarlos (¡acabo de darme cuenta de que también existen "parejas Ziggy", "familias Ziggy" y hasta "países Ziggy"!).

Quizá sea necesario admitir que hay un Ziggy en cada uno de nosotros... a ver si lo reconocemos en este cuento:

Ziggy estaba una vez en su cuarto, arrodillado. Suplicaba:

–Dios mío, déjame ganar la lotería... una sola vez, dame una oportunidad... una sola. Yo no quiero ganar la lotería todas las semanas, pero si la gano una vez pago todas las deudas, compro mercancía, pongo un negocio, empiezo a vender. ¡No me importa si no gano otra vez! Pero con una lotería yo soluciono todos mis problemas y empiezo de nuevo. Dame una oportunidad... una... qué te cuesta una oportunidad... Dame una, una sola vez... No te cuesta nada. Dame una oportunidad... ¡Dios mío, dame una oportunidad!

Y así, durante cien noches seguidas.

Cien noches Ziggy se arrodillaba y rezaba:

–Dame una oportunidad... dame una oportunidad...

La noche número ciento uno, un milagro se produjo.

Una voz se escuchó en el cuarto:

–Yo te daría una oportunidad, pero dame tú una a mí: ¡compra un billete!

Y aclaro aquí algo que repetiré muchas veces:

*La búsqueda de la felicidad no es sólo un derecho de algunos, es para mí una obligación natural de todos.*

# Retomar el camino

## La búsqueda del sentido

Parece evidente que el propósito de nuestra existencia es buscar la felicidad. Muchos pensadores occidentales han estado de acuerdo con esta afirmación, desde Aristóteles hasta William James: "Pero... una vida basada en la búsqueda de la felicidad personal ¿no es, por naturaleza, egoísta, egocéntrica y miserable?".

Contestaré ahora mismo a cada una de las cuestiones:

*Egoísta: sí.*
*Egocéntrica: más o menos.*
*Miserable: no necesariamente.*

Los que trabajamos con grupos variados de gente comprobamos una y otra vez que son las personas más desdichadas las que tienden a estar más centradas en sí mismas; las más retraídas, amargas y propensas a la manipulación y el aislamiento cuando no a la prepotencia. Las personas que se declaran felices, en cambio, son habitualmente más sociables, más creativas y permisivas. Toleran mejor las frustraciones cotidianas y, como norma, son más afectivas, demostrativas y compasivas que las otras.

En un experimento llevado a cabo en la Universidad Estatal de Nueva York, se pidió a los sujetos que completaran la frase:

*"Me siento contento de no ser..."*

Tras haber repetido cinco veces este ejercicio, más de noventa por ciento de los sujetos experimentó un claro aumento de su sensación de satisfacción personal. Y al salir del lugar demostraron tendencias más amables, colaboradoras y solidarias entre sí y con ocasionales desconocidos a los que ayudaron espontáneamente. Un par de horas después, los investigadores pidieron al grupo que completara la frase:

*"Hubiera deseado ser..."*

Esta vez, el experimento dejó a los sujetos más insatisfechos con sus vidas.

Los expertos en optimizar rendimiento han realizado miles de estas pruebas y todas parecen confirmar que las personas de buen humor, los individuos que se definen felices y aquellos que se sienten contentos con sus vidas poseen una voluntad de acercamiento y ayuda mayor con respecto a los demás, un mejor rendimiento y una mayor eficacia en lo que emprenden.

> **La felicidad produce beneficios, muchos de ellos inherentes al individuo, muchos más que trascienden a su familia y al conjunto de la sociedad.**

No se puede pensar seriamente en estar vivo renunciando a la búsqueda de este camino hacia la armonía, la plenitud, la felicidad.

Habrá que tomar esta decisión, y sé que no es sencillo hacerlo. Esto es lo que yo hice porque esto es lo que yo creo; ustedes pueden creer otra cosa.

La postura que tomemos hoy tal vez no sea definitiva, quizá mañana cambie. Hace diez años yo pensaba absolutamente otra cosa.

Cualquiera sea la postura que ustedes tengan, es válida.

Sólo pregunto por la posición tomada para que se pregunten si están siendo coherentes con ella.

*Si ser feliz es la búsqueda más importante que tengo en la vida*, y la felicidad para mí consiste en estos momentos gloriosos, ¿qué hago yo perdiendo el tiempo, por ejemplo, leyendo este libro?

*Si yo decido que la felicidad es el mayor de mis desafíos*, y decido que esta búsqueda tiene que ver con sensaciones nuevas, en realidad tendría que estar buscándolas, ¿qué hago entonces perdiendo el tiempo y ocupándome de otras cosas que me distraen de esta búsqueda?

*Si ser feliz es evitar todo dolor evitable*, ¿para qué sigo leyendo y escuchando a Bucay que me dice muchas veces cosas dolorosas o desagradables?

Porque lo que importa es comprometerse.

Porque ser feliz es el mayor de los compromisos que un hombre puede sentir, consigo y con su entorno.

Dentro de los que creen que la felicidad existe, se perciben grandes diferencias que un amigo psiquiatra se empeña en clasificar en tres grupos:

- *Grupo I: los románticos hedonistas*, quienes sostienen que la felicidad consiste en lograr lo que uno quiere.
- *Grupo II: los de baja capacidad de frustración*, quienes creen que la felicidad tiene que ver con evitar todo dolor y frustración.
- *Grupo III: los pilotos de globos de ilusión* (entre los cuales mi amigo me incluye), que viven un poco en el aire y aseguran que la felicidad no tiene casi relación con el afuera sino con un proceso interior.

Para acceder a mi propia definición de la felicidad, habrá que empezar por distinguir algunos conceptos que, si bien son elementales, muchas veces pasan inadvertidos y se confunden.

Entre los principales figura la diferencia entre la palabra *meta* y la palabra *rumbo*.

Para hacer gráfica la importancia que para mí tiene esta fundamental diferencia inventé hace algunos años esta historia, que ninguno de los pacientes que alguna vez pasó por mi consulta pudo librarse de escuchar...


Un señor se hace a la mar a navegar en su velero y, de repente, una fuerte tormenta lo sorprende y lo lleva descontrolado mar adentro. En medio del temporal el hombre no ve hacia dónde se dirige su barco. Con peligro de resbalar por la cubierta, echa el ancla para no seguir siendo llevado por el viento y se refugia en su camarote hasta que la tormenta amaine un poco. Cuando el viento se calma, el hombre sale de su refugio y recorre el velero de proa a popa. Revisa cada centímetro de su nave y se alegra al confirmar que está entera. El motor enciende, el casco está sano, las velas intactas, el agua potable no se ha derramado y el timón funciona como nuevo.

El navegante sonríe y levanta la vista con intención de iniciar el retorno a puerto. Otea en todas las direcciones pero lo único que ve por todos lados es agua. Se da cuenta de que la tormenta lo ha llevado lejos de la costa y de que está perdido.

Empieza a desesperarse, a angustiarse.

Como les pasa a algunas personas en momentos demasiado desafortunados, el hombre empieza a llorar mientras se queja en voz alta diciendo:

–Estoy perdido, estoy perdido... qué barbaridad...

Y se acuerda de que él es un hombre educado en la fe, como a veces pasa, lamentablemente sólo en esos momentos, y dice:

–Dios mío, estoy perdido, ayúdame Dios mío, estoy perdido...

Aunque parezca mentira, un milagro se produce en esta historia: el cielo se abre —un círculo diáfano aparece entre las nubes—, un rayo de sol entra, como en las películas, y se escucha una voz profunda (¿Dios?) que dice:

–¿Qué te pasa?

El hombre se arrodilla frente al milagro e implora:

–Estoy perdido, no sé dónde estoy, estoy perdido, ilumíname, Señor. ¿Dónde estoy... Señor? ¿Dónde estoy...?

En ese momento, la voz, respondiendo a aquel pedido desesperado, dice:

–Estás a 38 grados latitud sur, 29 grados longitud oeste —y el cielo se cierra.

–Gracias, gracias... —dice el hombre.

Pero pasada la primera alegría, piensa un ratito y se inquieta retomando su queja:

–Estoy perdido, estoy perdido...

Acaba de darse cuenta de que con saber dónde está, sigue estando perdido. Porque saber dónde estás no te dice nada respecto a dejar de estar perdido.

El cielo se abre por segunda vez:

–¡Qué te pasa!

–Es que en realidad no me sirve de nada saber dónde estoy, lo que yo quiero saber es a dónde voy. ¿Para qué me sirve saber dónde estoy si no sé a dónde voy? A mí lo que me tiene perdido es que no sé a dónde voy.

–Bien —dice la voz—, vas a Buenos Aires —y el cielo comienza a cerrarse otra vez.

Entonces, ya más rápidamente y antes de que el cielo termine de cerrarse, el hombre dice:

–¡Estoy perdido, Dios mío, estoy perdido, estoy desesperado...!

El cielo se abre por tercera vez:

–¡¿Y ahora qué pasa?!

–No... es que yo, sabiendo dónde estoy, y sabiendo a

dónde voy, sigo estando tan perdido como antes, porque en realidad ni siquiera sé dónde está ubicado el lugar adonde voy.

La voz le responde:

–Buenos Aires está 38 grados...

–¡No, no, no! —exclama el hombre. Estoy perdido, estoy perdido... ¿Sabes lo que pasa? Me doy cuenta de que ya no me satisface saber dónde estoy y a dónde voy; necesito saber cuál es el camino para llegar, necesito el camino.

En ese preciso instante, cae desde el cielo un pergamino atado con un moño.

El hombre lo abre y ve un mapa marino. Arriba y a la izquierda un puntito rojo que se prende y se apaga con un letrero que dice: "Usted está aquí". Y abajo a la derecha un punto azul donde se lee: "Buenos Aires".

En un tono fucsia fosforescente, el mapa muestra una ruta que tiene muchas indicaciones:

remolino

arrecife

piedritas...

y que obviamente marca el camino a seguir para llegar a destino.

El hombre por fin se pone contento. Se arrodilla, se santigua y dice:

–Gracias, Dios mío...

Nuestro improvisado y desgraciado héroe mira el mapa... pone en marcha el motor... estira la vela... observa para todos lados... y dice:

–¡Estoy perdido, estoy perdido...!

Por supuesto.

Pobre hombre, sigue estando perdido.

Para todos lados adonde mira sigue habiendo agua, y toda la información reunida no le sirve para nada, porque no sabe hacia dónde empezar el viaje.

En esta historia, el hombre tiene conciencia de dónde está, sabe cuál es la meta, conoce el camino que une el lugar donde está y la meta a donde va, pero le falta algo para dejar de estar perdido.

¿Qué es lo que le falta? Saber hacia dónde.

¿Cómo haría un señor que navega para determinar el rumbo?

Mirando una brújula. Porque solamente una brújula puede darle esta información.

Ahora que sabe dónde está, que sabe a dónde va y que tiene el mapa que lo orienta, ahora le falta la brújula. Porque si no tiene la brújula, de todas maneras, no sabe hacia dónde emprender la marcha.

El *rumbo* es una cosa y la *meta* es otra.

La meta es el punto de llegada; el camino es cómo llegar; *el rumbo es la dirección, el sentido.*

Y el sentido es imprescindible aunque lo único que pueda aportarte sea saber dónde está el norte.

Si uno entiende la diferencia entre el *rumbo* y la *meta*, empieza a poder definir muchas cosas.

> La felicidad es, para mí, la satisfacción de saberse en el camino correcto.
> La felicidad es la tranquilidad interna de quien sabe hacia dónde dirige su vida.
> La felicidad es la certeza de no estar perdido.

En la vida cotidiana, las metas son como puertos adonde llegar, el camino serán los recursos que tendremos para hacerlo y el mapa lo aportará la experiencia.

No dudo de la importancia de saber dónde estamos; sin embargo... *sin dirección no hay camino.*

Te escucho cuestionando: "Pero si mi meta es Buenos Aires, como en el ejemplo del barco, y estoy a 200 metros de la costa, aunque no tenga la brújula no estoy perdido. Si uno sabe lo que quiere y sabe cómo obtenerlo, tampoco está perdido".

Déjame extender un poco más la metáfora.

De alguna manera tienes razón.

Si me conforma limitarme a navegar cerca de la costa, quizá no necesite brújula.

Si me mantengo a la vista del punto de referencia, para qué quiero tanta complicación.

Es probable que al estar cerca de la meta uno sienta que no está perdido. Pero esta seguridad genera dos problemas:

*a)* Debo restringir mi elección exclusivamente a las metas que estén a la vista.

*b)* (El más grave...) ¿Qué pasa después que llegué a la meta, feliz, pleno, maravilloso y armonizado? ¿Qué pasa en el instante después de la plenitud?

¡Se pudrió todo! (dicen los jóvenes).

Porque voy a tener que apurarme a buscar otra meta. Y recordar que esa meta deberá estar a la vista, porque si no, otra vez estaré perdido.

La estrategia de estar renovando permanentemente mis metas para sentirme feliz, obligado a descartar lo próximo porque siempre tengo que querer algo más para poder seguir mi camino, sumada a la limitación de encontrar objetivos de corto alcance para no perder el rumbo, me parece demasiada carga para mí.

Repito: si ser feliz se relaciona con la sensación de no estar perdido y el precio de creerse feliz es quedarse cerca, me parece demasiado caro para pagarlo.

Crecer (¿te acuerdas?) es expandir las fronteras.

Es llegar cada vez más allá.

¿Cómo voy a crecer si vivo limitado por lo conocido por miedo a perderme?

Cada quien puede elegir esta postura, pero no la admito para mí, no la elegiría para mis hijos, no me gusta para mis pacientes, no la quiero para ti.

El tema entonces está, repito, en saber el rumbo.

El tema no está en saber a dónde voy, no está en cuán cerca estoy ni en descubrir qué tengo que hacer para llegar.

La cuestión es que *aunque el afuera no me deje ver la costa, si yo sé hacia dónde voy, nunca me interesa el lugar al que llegar, sino la dirección en la que avanzo.*

Si la *meta* se representa más o menos así:

el *rumbo* se representa por una flecha que apunta en una dirección determinada, como la aguja de una brújula que apunta impertérrita en dirección al polo magnético, independiente de nuestra posición en el mundo:

En el caso de las metas, nunca sé si estoy en lo correcto hasta que no las tengo a la vista.

Cuando conozco el rumbo ya no necesito evaluar si voy a llegar o no. Puedo no estar perdido sin que me importe el resultado inmediato.

Y salvo para la vanidad, ésta es una ventaja.

*Si la felicidad dependiera de las metas, dependería del momento de la llegada.*

*En cambio, si depende de encontrar el rumbo, lo único que importa es estar en camino y que ese camino sea el correcto.*

¿Cuál es el camino correcto?

El camino correcto es aquel que está alineado con el rumbo que señala la brújula.

Cuando mi camino está orientado en coincidencia con el sentido que le doy a mi vida, estoy en el camino correcto.

Pero atención. No existe un solo camino correcto, así como no hay un solo sendero que vaya hacia el norte. Aquel camino es correcto pero el otro camino también lo es, y el otro... y el otro...

Todos los caminos son correctos si van en el rumbo.

Y puedo entender mejor ahora el principio del libro, la alegoría del carruaje y la respuesta del viejo sabio.

Puedo elegir cualquiera de los caminos y lo mismo da, porque mientras el rumbo coincida con el camino, la sensación será la de no estar perdido.

Ahora te imagino cuestionador e inquisitivo. Harto ya de mí, quieres respuestas concretas.

Juntas las yemas de los cinco dedos de tu mano derecha y la acercas al libro para preguntar:

"¿Qué es el rumbo?"

"Con el señor en el agua entendí, pero ¿en la vida?"

"Quiero ganar un millón de dólares, quiero casarme con fulano, con fulana, quiero trabajar en tal lugar, quiero esto, quiero aquello... las metas son fáciles, ¿pero el rumbo?"

"Y aun cuando acepte la idea, ¿dónde está la brújula?"

"¿Cuál es tu propuesta? ¿Confiar en que Dios me la dé... como en el cuento?"

*En la vida, el rumbo lo marca el sentido que cada uno decida darle a su existencia.*

Y la brújula se consigue contestándose una simple pregunta:

*¿Para qué vivo?*

No *por qué* sino *para qué.*
No *cómo* sino *para qué.*
No *con quién* sino *para qué.*
No *de qué* sino *para qué.*

La pregunta es personal. No se trata de que contestes para qué vive el hombre, para qué existe la humanidad, para qué vivieron tus padres, ni qué sentido tiene la vida de los inmorales.

Se trata de TU VIDA.

¿Qué sentido tiene *tu* vida?

Contestar con sinceridad esta pregunta es encontrar la brújula para el viaje.

¿Qué sentido tiene tu vida?

No saber cómo contestarla o despreciar esta pregunta puede ser una manera de expresar la decisión de seguir perdido.

¿Qué sentido tiene tu vida?

Una pregunta difícil si uno se la plantea desde los lugares miserables por los que estamos acostumbrados a llegar a estos cuestionamientos:

"Demasiado problema para una tarde como hoy."

"Un día de éstos lo pienso... Preguntámela en un par de años."

"¿Cómo voy a contestar yo a tamaña pregunta?"

"Ésa es la pregunta del millón. Hay que pensar muy bien una cuestión como ésa."

"Esperaba que tú me dieras la respuesta."

"Justo justo para saber eso me compré este libro..."

Demasiadas trampas para no contestar...

*¿Qué sentido tiene tu vida?*

Y, sin embargo, encontrar la propia respuesta no es tan difícil.

Sobre todo si me animo a no tratar de convencer a nadie.

Sobre todo si me atrevo a no tomar prestados de por vida sentidos ajenos.

Sobre todo si no me dejo convencer por cualquier idiota que me diga: "No, ése no puede ser tu rumbo".

Cuenta la leyenda que antes de que la humanidad existiera, se reunieron varios duendes para hacer una travesura.

Uno de ellos dijo:

—Pronto serán creados los humanos. No es justo que tengan tantas virtudes y tantas posibilidades. Deberíamos hacer algo para que les sea más difícil seguir adelante. Llenémoslos de vicios y de defectos; eso los destruirá.

El más anciano de los duendes dijo:

—Está previsto que tengan defectos y dobleces, pero eso sólo servirá para hacerlos más completos. Creo que debemos privarlos de algo que, aunque sea, les haga vivir cada día un desafío.

—¡Qué divertido! —dijeron todos.

Pero un joven y astuto duende, desde un rincón, comentó:

—Deberíamos quitarles algo que sea importante... ¿pero qué?

Después de mucho pensar, el viejo duende exclamó:

—¡Ya sé! Vamos a quitarles la llave de la felicidad.

—¡Maravilloso... fantástico... excelente idea! —gritaron los duendes mientras bailaban alrededor de un caldero.

El viejo duende siguió:

–El problema va a ser *dónde esconderla* para que no puedan encontrarla.

El primero de ellos volvió a tomar la palabra:

–Vamos a esconderla en la cima del monte más alto del mundo.

A lo que inmediatamente otro miembro repuso:

–No, recuerda que tienen fuerza y son tenaces; fácilmente, alguna vez, alguien puede subir y encontrarla, y si la encuentra uno, ya todos podrán escalarlo y el desafío terminará.

Un tercer duende propuso:

–Entonces vamos a esconderla en el fondo del mar.

Un cuarto todavía tomó la palabra y contestó:

–No, recuerda que tienen curiosidad; en determinado momento algunos construirán un aparato para poder bajar y entonces la encontrarán fácilmente.

El tercero dijo:

–Escondámosla en un planeta lejano a la Tierra.

A lo cual los otros dijeron:

–No, recuerda su inteligencia, un día alguno van a construir una nave en la que puedan viajar a otros planetas y la van a descubrir.

Un duende viejo, que había permanecido en silencio escuchando atentamente cada una de las propuestas de los demás, se puso de pie en el centro y dijo:

–Creo saber dónde ponerla para que realmente no la descubran. Debemos esconderla donde nunca la buscarían.

Todos voltearon asombrados y preguntaron al unísono:

–¿Dónde?

El duende respondió:

–La esconderemos *dentro de ellos mismos*... muy cerca de su corazón...

Las risas y los aplausos se multiplicaron. Todos los duendes reían:

–¡Ja... Ja... Ja...! Estarán tan ocupados buscándola fuera, desesperados, sin saber que la traen consigo todo el tiempo.

El joven escéptico acotó:

–Los hombres tienen el deseo de ser felices, tarde o temprano alguien será suficientemente sabio para descubrir dónde está la llave y se lo dirá a todos.

–Quizá suceda así —dijo el más anciano de los duendes—, pero los hombres también poseen una innata desconfianza de las cosas simples. Si ese hombre llegara a existir y revelara que el secreto está escondido en el interior de cada uno, nadie le creerá.

> Encontrar el sentido de tu vida
> es descubrir la llave de la felicidad.

La respuesta a la pregunta sobre el sentido de tu vida está dentro de ti mismo.

Y vas a tener que encontrar tu propia respuesta.

Definir el *sentido* no debe ser un tema sacralizado en un intento de magnificar la decisión y el compromiso que implica, pero tampoco debe ser dejado de lado como si fuera un hecho poco importante.

Una decisión de este tipo determina y re-significa mis acciones posteriores, así como actualiza en gran medida mi escala de valores.

Si yo decido que una determinada búsqueda, por ejemplo, le da sentido a mi vida, nada podría evitar que dedique la mayor parte de mi tiempo a esa tarea.

Nadie podría impedir que esa búsqueda se vuelva más importante que cualquier otra cosa, sobre todo más importante que cualquier otro objetivo de los impuestos por los condicionamientos familiares, culturales o afectivos. Cada uno construye su vida eligiendo su camino.

*No puedo construir un camino donde quede garantizado*

*que yo consiga todas las metas que me proponga, pero sí puedo elegir el que vaya en la misma dirección que el propósito que decidí para mi vida.*

Eso es estar en el camino correcto.

Los que alguna vez dispararon un arma de fuego apuntando a un blanco saben cómo se hace para tratar de dar en el centro:

Se trata de alinear el ojo, la mira y el blanco. Cuando esto sucede, el disparo acierta en el centro.

La misma imagen es la que yo tengo de ser feliz:

*Cuando yo, mi camino y mi rumbo coinciden, siento la satisfacción de estar en camino, sereno, encontrado y satisfecho.*

No se trata sólo de tener ganas de vivir, se trata de saber para qué, para qué vives.

Y esto, nos guste o no, implica la propia decisión. No es algo "que me pasa" por accidente, es el resultado de la profunda reflexión y, por lo tanto, de mi absoluta responsabilidad.

## La encuesta del PQMV

Si nos paráramos en la esquina más transitada de Buenos Aires o de cualquier ciudad del mundo y le preguntáramos a la gente: "Señor, señora, joven, ¿para qué cree usted que vive? ¿Qué sentido tiene su vida?", ¿qué crees que obtendríamos como respuesta?

Las estadísticas dicen que las respuestas serán más o menos las que siguen:

- Treinta por ciento de silencio y mirada de "¿Me estás tomando el pelo?".
- Veinticinco por ciento de respuestas del tipo: "Cómo se ve que no tienes nada que hacer, idiota" o alguna otra grosería equivalente.

- Veinte por ciento de encogidas de hombros, miradas de asombro, risas nerviosas y frases cortas parecidas a "qué sé yo".
- Y por último, veinticinco por ciento de respuestas más o menos coherentes, que analizaremos más abajo.

Sucede todo el tiempo. Alguien acude al consultorio; quiso toda la vida llegar al lugar en el que está ahora para poder hacer determinada cosa, y cuando la está haciendo se da cuenta de que no significa nada, de que era meramente un tema de vanidad estúpida, o el cumplimiento de un mandato no demasiado consciente.

"Lo hice. ¿Y ahora?", se pregunta el paciente.

Nada, ni frío ni calor, no se le mueve un pelo.

Consiguió la meta, pero no se siente ni siquiera demasiado alegre.

Piensa: "Me equivoqué de meta".

No, no se equivocó. Perdió el rumbo.

Casi siempre bromeo un poco, para desdramatizar su angustia.

Me hago el serio y digo algo como:

—Tu problema es muy frecuente y está muy estudiado. Las organizaciones mundiales de salud han designado este tipo de sensaciones con la sigla WTHYLE que en nuestro idioma se conoce como la decisión PQMV, iniciales de "Pa' qué mierda vivo...".

Puedes creerme o no.

Puedes explorarlo en ti mismo.

*Cuando el camino es correcto se tiene la certeza de no estar perdido, se siente la satisfacción de saber que uno ha encontrado el rumbo.*

Si el sentido de mi vida es uno y mi meta inmediata es otra, voy a tener que animarme a renunciar a la meta para seguir mi rumbo. Si no lo hago, deberé olvidar el rumbo y cambiar ser feliz por el halago vanidoso que representa el objetivo conquistado.

También puede pasar que el acierto ocurra azarosamente: sin saber siquiera cuál es tu respuesta al PQMV, tu camino accidentalmente coincide con el sentido de tu vida. Y aun sin saber por qué, te sientes feliz. Sugiero que no te quedes paralizado por la incomprensible sensación de plenitud.

Aprovecha para mirar, registrar, recordar. Pronto descubrirás hacia dónde se dirigen tus acciones.

Esos momentos gloriosos deberían servirme para definir mi rumbo, así como los momentos más infelices pueden transformarse en buenas señales para detectar todo lo que ya no tiene sentido para mí o quizá nunca lo tuvo.

Según Viktor Frankl, el hombre está dispuesto y preparado para soportar cualquier sufrimiento siempre y cuando pueda encontrarle un significado.

La habilidad para sobrevivir a las atrocidades de nuestro mundo un poco cruel no se apoya en la juventud, en la fuerza física o en los éxitos obtenidos en combate, sino en la fortaleza derivada de hallar un significado en cada experiencia.

Fortaleza que se expresa, como ya dije, en la paciencia y en la aceptación, entendiendo ambas como la cancelación de la urgencia de cambio.

Si bien aceptar y ser paciente se consideran virtudes, cuando nos vemos acosados por los demás o cuando alguien nos causa un daño, responder virtuosamente parece imposible.

Lo que sucede es que dichos recursos —que son nuestros— deben desarrollarse temprano, es decir, no en ese momento, cuando ya estamos inmersos en la situación; pues allí puede ser tarde para encontrar la mejor respuesta.

En otras palabras: un árbol con raíces fuertes puede resistir una tormenta muy violenta, pero ningún árbol puede empezar a desarrollar esas raíces cuando la tormenta aparece en el horizonte.

La filosofía zen enseña este indispensable cultivo de la paciencia, la aceptación y la tolerancia si se pretende que el odio y la competitividad no nos aparten del camino.

Una decisión tardía no puede conjurarlos.

Las riquezas no pueden protegernos.

La educación por sí sola tampoco garantiza ni proporciona protección absoluta.

De hecho, en nuestra cultura la tolerancia parece transmitir pasividad, y es muchas veces interpretada como una expresión de debilidad.

Sin embargo, se trata de una señal de fortaleza que procede de una profunda capacidad para mantenernos firmes. Responder a una situación difícil con mesura, en lugar de odio, supone una mente fuerte y disciplinada.

Así, pues, reflexionemos sobre cuál es el verdadero valor que da significado a nuestras vidas y establezcamos nuestras prioridades sobre esa base.

> **El propósito de nuestra vida ha de ser claro para poder tomar la decisión correcta. Porque estaremos actuando para dotarnos de algo permanente, con una actitud que supone "moverse hacia" en lugar de alejarse, esto es, abrazar la vida en lugar de rechazarla.**

## La brújula de la vida

En un mapa geográfico la dirección se define según lo que señala la rosa de los vientos. Si la miramos de cerca, vemos que existen infinitos rumbos, pero que los cuatro fundamentales son los correspondientes a los puntos cardinales: norte, sur, este y oeste.

Con los sentidos de vida pasa más o menos lo mismo: hay infinitas respuestas, pero los grandes grupos de contestaciones no son muchos.

Si tuviera que hacer listas agrupando las respuestas que la gente enuncia ante la pregunta señalada por las siglas PQMV, yo creo que no necesitaría pensar más que cuatro:

- Los que buscan el *placer*.
- Los que buscan el *poder*.
- Los que buscan el cumplimiento de una *misión*.
- Los que buscan la *trascendencia*.

Tú mismo, si te animaste a pensarlo, debes haber dado una respuesta que se podría clasificar en uno de estos grupos.

Por las características de los rumbos, cada grupo se define por una búsqueda que, para no transformarse en una meta, debe ser inagotable.

Y no porque las metas sean despreciables, sino porque no necesariamente conducen hacia la felicidad.

## Los cuatro prototipos cardinales

### *En búsqueda del placer*

Me encuentro con Julia. Llega tarde, como casi siempre. Está vestida con una falda campesina que la hace parecer más gorda y en el pelo lleva un horrible mechón teñido de verde.

Sonríe como nadie y se cuelga de mi cuello para darme un sonoro beso: toda la cafetería se da vuelta. Ella lo nota y lo disfruta.

–¡Envidiosos! —me dice.

Creo que se ríe de todos.

También de mí.

–Me voy...

–¿A dónde? —pregunto anticipando la respuesta.

–No sé. Empiezo por Europa, después ya veré.

–¿Mucho tiempo?

—Depende.

—¿De?

—Ufff... del dinero, de que consiga trabajo, de que encuentre al hombre de mi vida, de que él me encuentre a mí, de que él no haya elegido ser gay porque yo tardaba mucho...

—Te voy a extrañar —le digo sinceramente.

—Bueno, si extrañas mucho te vienes conmigo.

—Tú te crees que es tan fácil...

—Sí.

—¡No lo es!

—Tú trabajas demasiado.

—Es verdad. Pero comparados contigo, todos trabajamos demasiado.

—Es que ustedes cambiaron el placer por el confort.

—A mí el confort me parece muy placentero.

—A mí también, pero cuesta caro y se necesita mucho esfuerzo para pagarlo. No lo vale.

—Nada que sea bueno es gratis.

—Nada que cueste caro es bueno.

Ya hemos tenido esta conversación cientos de veces. Los dos sabemos que estamos más de acuerdo de lo que admitimos, pero disfrutamos peleándonos por nuestras diferencias.

Julia es casi una hedonista. Nada que no la esté conduciendo a algo para disfrutar tiene sentido para ella. No cree que la felicidad sea "vivir el momento" o "coger que se acaba el mundo". No. Julia sostiene que el sentido de su vida es la búsqueda del placer.

Y yo, que la conozco, sé que no se refiere al goce instantáneo que puede proporcionar alguna droga (Julia sostiene, y estoy de acuerdo, que la droga concede alivio, no placer; porque dañar tu cuerpo no tiene ningún sentido. Ella dice que trata de cuidar un poco su cuerpo porque tiene mucho que disfrutar y el envase le tiene que durar hasta los ciento veinticinco años).

"Si algo no es para disfrutarlo ahora y tampoco voy a poder disfrutarlo después, es posible que me fuerce a hacerlo de todas maneras diciéndome que es mi obligación, pero sigue sin tener sentido..."

Los que son capaces de afirmar esto con convicción saben diferenciar entre *ser feliz* y *estar contento*.

Desde el lenguaje cotidiano, uno puede pensar que se parecen. Sin embargo, cuando digo felicidad en este libro no me refiero a estar *alegre*.

*Es posible sentirse feliz sin necesidad de estar alegre y estar muy alegre sin por eso ser feliz.*

El verdadero razonamiento de los miembros de este grupo sería el siguiente: "Lo que le da sentido a mi vida es el goce de vivirla, son aquellas cosas que me dan placer, cosas que encuentro, cosas que produzco. Y cada vez que estoy haciendo algo que conduce hacia situaciones que disfruto o disfrutaré, me siento feliz, aunque no esté disfrutando en ese momento, porque me basta con saber que estoy en camino".

> Ser feliz no quiere decir necesariamente
> estar disfrutando, sino vivir la serenidad
> que me da saber que estoy en el camino correcto
> hacia algo placentero, disfrutable,
> hacia algo que tiene sentido para mí.

Éste es el tipo de *placer* que podría darle sentido a una vida.

Donde el disfrutar es un *rumbo* y no una meta.

Para los que pertenecen a este grupo, el placer buscado es inalcanzable y por eso califica como sentido de vida. ¿Cuánto placer se puede pretender? No hay cantidad; se parece a un punto cardinal: ¿cuánto tiempo puedo viajar hacia el este? Puedo ir infinitamente. Hasta puedo volver al punto de partida yendo hacia el este.

Siempre puedo avanzar un poco más en dirección a las cosas que me dan placer.

Atención con ser ligero al juzgar.

En este grupo se inscribirán seguramente muchos cultores de los placeres voluptuosos, de la lujuria o de la comida y la bebida; pero también aquellos que significan su vida en el placer que sienten con la música, con la literatura o con ayudar a otros.

Están aquí sencillamente todos aquellos cuya razón última para hacer lo que hacen es el placer que les produce hacerlo:

los mejores y los peores;

los generosos y los codiciosos;

los oscuros canallas y los iluminados.

Los que disfrutan de cada cosa que hacen y los que no encuentran sentido en lo que no se puede disfrutar.

¡Y no me digas que todos somos miembros de este grupo!

Por lo menos no hasta escuchar un poco de los otros.

### Persiguiendo el poder

Ernesto y yo somos amigos desde hace años. Y si bien es cierto que no es fácil ser amigo de un empresario, tampoco es fácil ser amigo mío.

Ernesto empezó desde la nada, vendiendo libros a domicilio y tiene ahora muchas empresas. Todas independientes, todas eficientes, la mayoría prósperas (o por lo menos todo lo próspera que puede ser una empresa en nuestros países en los tiempos que corren).

Algunos miles de familias viven y comen de los sueldos que generan estas empresas, algunos cientos de otras empresas menores creen que Ernesto es su mejor cliente. Actualmente proyecta abrir una fábrica de subproductos lácteos al sur de Brasil...

–¿Lácteos? —pregunto. ¿Tú qué tienes qué ver con los lácteos?

–Por ahora nada... pero en un par de años, si todo me sale bien...

–Ernesto, esto significa que durante los próximos dos años vas a estar agregándole a tus ocupaciones y problemas, uno más.

–Sí. Pero el negocio parece tan interesante —me cuenta entusiasmado. Podría llegar a rendir cincuenta por ciento de lo que rinden todas mis otras empresas.

–Ernes, para qué quieres más dinero... el que juntaste, y me consta que nadie te lo regaló, te alcanza para vivir no una sino dos vidas sin trabajar.

–Tú no entiendes —me explica y tiene razón—, no es el dinero. No es un tema de cuántos dólares más o menos voy a tener. ¡El negocio está para meterse y armar un imperio!

Y yo entiendo. Éste es el punto. El imperio. Porque eso es lo que Ernesto quiere. No le interesa el dinero, ni el placer de lo que podría comprar con él. De hecho, en realidad gasta menos que yo (y no es avaro). Cuando se va de vacaciones (una vez cada dos años) siempre vuelve unos días antes. ¡Tiene tantas cosas pendientes! Debe disfrutar mucho de lo que hace.

–Ernesto, la verdad... ¿te gusta quedarte trabajando sábados y domingos hasta cualquier hora?

–No, Jorge, no es que me guste. Lo que pasa es que si me voy y dejo todo sin hacer, es peor. Me doy cuenta de que en el único lugar en que verdaderamente estoy tranquilo es en mi despacho o en una reunión de negocios, aunque sea difícil.

Ernesto no puede decirlo en estas palabras, pero él no es feliz si no está haciendo algo que aumente su cuota de poder cotidiano. Y eso que él jamás usaría ese poder para dañar a alguien, ni para aprovecharse de los otros, antes bien es uno de los empresarios más generosos y solidarios, uno

133

de los fabricantes que mejores sueldos paga y un competidor absolutamente leal.

¿A qué se refiere esta búsqueda de poder?

A *cualquier* búsqueda de poder.

Se enrolan en este grupo los que significan su vida en la constante búsqueda de sí mismos

y los que ambicionan ser campeones mundiales de todos los pesos;

los que creen que el sentido de la vida está en enfrentar cada miedo

y los más rufianes e inescrupulosos de los mafiosos;

los que aspiran a manejar una institución mundial que termine con el hambre

y los dictadores del mundo que pretenden gobernar su país imponiendo sus opiniones por la fuerza.

¿Cumple el poder con las condiciones necesarias para ser aceptado como un sentido?

¿Cuánto poder se puede pretender? Infinito.

Es como el placer.

¿Cuánto puedes querer?

*Más.*

¿Cuánto?

*Más.*

¿Cuánto es más?

*Todo.*

Pero ¿y después de que tengas todo?

*Ah, después de eso, más.*

Le muestro esto que acabo de escribir a mi amigo Ernesto.

Se ríe y me dice:

—¡Claro!

## *Hacia la trascendencia*

Si el primer grupo es la búsqueda del PLACER y el segundo la búsqueda del PODER, el tercero es la búsqueda de la TRASCENDENCIA.

Lea es psicóloga, no tiene la misma línea, pero siempre encuentro cosas para aprender de ella, aunque Lea sostenga que aprende mucho de mí.

Lo que más me importa en la vida es llegar a transmitir a otra persona algo de lo que sé, algo de lo que hago o de lo que aprendí. Me pasa como con mis hijos; ellos seguirán cuando yo no esté. Es una manera de permanecer, que ni siquiera se termina cuando sientes que ya diste todo a tus hijos, porque desde allí continúa en los hijos de tus hijos.

–Pero dime una cosa, Lea, ¿cuándo te ocupas de ti?

–Todo el tiempo. ¿No es eso lo que tú nos enseñas? El egoísmo de no privarse de dar.

–Pero a ti, ti, ¿qué es lo que más te gustaría?

–Me encantaría armar una institución con cientos de grupos de reflexión coordinados por los mejores docentes, filósofos y terapeutas; me gustaría que miles de personas pasaran gratuitamente por esa escuela; me gustaría que a la gente le sirviera para crecer.

–Déjame adivinar... y le pondrías el nombre de tu mamá.

–Por supuesto.

Lea transita la búsqueda de la trascendencia que, como las búsquedas anteriores... puede ser banal y estar centrada en el narcisismo mal resuelto, o puede ser la expresión de los mejores sentimientos del ser humano.

Se puede ir en este camino buscando el oro o buscando el bronce,

por el aplauso o por el reconocimiento,

por el rating o por el servicio,

por la fama o por el deseo de llegar más lejos.

Pero los hijos, los alumnos, los pares, los que me rodean, no son la única forma de acceder a la trascendencia. Porque también existe otra trascendencia, que no pertenece al espacio, sino al tiempo: aquello que hago para que personas que hoy ni conozco, dentro de cien años se sirvan de lo que hice.

Y por último, una trascendencia especial, que no es horizontal y que yo llamo la "búsqueda vertical": la de aquellos que viven y trabajan y sueñan y hacen, pero no en función de esta vida terrenal, sino de lo que sigue en la vida eterna.

### Cumplir con la misión

–¿Por qué tú? —le pregunté ese día a mi amigo Gerardo.

–¿Quién si no? —me contestó.

–Cualquiera —le dije.

–Yo soy uno cualquiera, sólo que un poco más comprometido...

De alguna forma, Gerardo hizo política desde toda la vida. Hablar con él del país y del mundo siempre fue como entrar en un universo desconocido.

Pero una cosa es ser político de café y otra es asumir una responsabilidad institucional o postularse para ella.

–En todo caso, Gerardo, sólo con la campaña ya tienes a tu mujer en pie de guerra, a tus hijos en reclamo permanente y a tus amigos (yo entre ellos) en plañidera queja.

–¿Qué te crees, que no entiendo? Claro que entiendo, pero hay momentos y momentos. A ver si me entiendes tú: supongamos que aquello que representa los valores que defendiste toda tu vida demanda de ti un poco de sacrificio... ¿No lo harías? ¿No lo harías?

Estaba a punto de contestarle que posiblemente no, pero no esperó:

–Claro que lo harías. En un momento en el que los valores morales y éticos de los dirigentes están cuestionados, cuando se define el futuro del país en el que nací y al que amo, en este preciso instante, cuando más que nunca se necesitan políticos comprometidos de verdad con la función, ni tú ni mi mujer pueden pedirme que me aparte para disfrutar con ustedes hasta donde todo esto aguante.

—Gerardo, ¿de verdad crees que si te postulas puedas cambiar esto que nos sucede?

—No. Pero puedo hacer mi parte. Y no lo hago porque me divierta, ni para que la gente me levante una estatua en Plaza de Mayo; lo hago porque no lo puedo evitar.

Para que una *misión* sea un sentido de vida tiene que tener ciertas características.

En primer lugar, y paradójicamente, tiene que no poder cumplirse, porque si puede cumplirse es una meta, no un sentido.

¿Cuál es una misión incumplible?

La misión de los predicadores que llegaron a América para catequizar al indio, por ejemplo. Esta tarea era incumplible, todos lo sabían; pero que no pudieran conseguirlo no impedía que fueran insistentemente en esa dirección.

La misión era catequizar. Y la catequesis le daba sentido a sus vidas.

¿Disfrutaban?

¡Qué iban a disfrutar!

La verdad es que la pasaban bastante mal, se los comían los mosquitos, los cagaban a flechazos, se morían de extrañas enfermedades infecciosas...

La verdad es que no disfrutaban nada o muy poco.

¿Eran felices?

Yo creo que sí.

La *misión*, cuando no es una meta, se vuelve *sentido de vida* antes de que pienses en cumplirla. Porque te da un rumbo.

Existe una cantidad infinita de misiones.

Misiones encomendadas por tu iglesia o tu fe;

misiones sindicadas por los padres;

misiones, por fin, señaladas por una lucha ideológica...

Entre los ejemplos de cómo funciona una *misión*, y más allá de acuerdos y desacuerdos ideológicos, uno de los mejores debe ser la vida del Che Guevara.

Me parece que él pertenecía a este grupo. Él creía que tenía una misión para cumplir.

¿La pasaba bien?

No.

Siempre recuerdo lo que escribe en su diario: "Esta selva es una bosta".

No la está pasando bien, no se está divirtiendo, de verdad.

Pero cuando llega el momento de quedarse en Cuba para disfrutar del triunfo de la revolución, después de derrotar al enemigo, el Che se va.

¿Por qué? Porque sabe que nunca sería feliz si abandonara su misión.

Una misión que no va a terminar porque no tiene llegada, sólo camino.

Una semana antes de que lo que maten a tiros, el Che Guevara, en la selva bosta, lejos de su patria, escribe también: "Soy un hombre feliz".

Quiero decir, aquí está la idea de la *misión-rumbo*, la que no tiene por qué ser cumplida, ni siquiera posible, pero que se sigue realizando.

Si tu misión en la vida es construir aquí un hospital de niños, esta "misión" (en sentido coloquial) es un objetivo, pero no es suficiente para darle sentido a tu vida. El sentido sería, en todo caso, aumentar la cantidad de hospitales infantiles en el mundo (aunque empezaras por ese mismo hospital).

¿Cuánto se puede aumentar la cantidad de hospitales en el mundo?

Infinitamente. Siempre puedes ir en esa dirección.

¿Es muy diferente de la decisión de aumentar la cantidad de bases militares?

Es diferente en términos morales, pero pertenece al mismo grupo.

Las búsquedas de *placer* se parecen entre sí, cualquiera sea la manera de obtenerlo.

No es lo mismo aquel que busca el placer sexual que aquel que busca el placer intelectual o místico. Son diferentes placeres, pero todos los caminantes se enrolan en poner el acento en la búsqueda del placer.

Del mismo modo, las búsquedas detrás de una misión se parecen entre sí, cualquiera que sea la misión.

### El engaño de utilizar a los hijos

Un error frecuente e interesante es el de aquellos que, en este punto, sostienen que su camino-misión es "educar a los hijos". Más de la mitad de la gente incluye a sus hijos en su propósito de vida. Se vive para educar a los hijos, para criar a los hijos, para acompañar a los hijos, para martirizar a los hijos... Sin embargo, este razonamiento está muy equivocado.

Si algo hay alrededor de los hijos, no es precisamente una misión, sino un deseo —consciente o no— de trascender en ellos.

Para mí, educar-cuidar-amar a los hijos pertenece a la búsqueda de la trascendencia o es simplemente una meta (muy noble, claro, pero meta al fin) y como tal, aunque fuera la más importante de toda tu existencia, no sería suficiente para darle sentido a tu vida.

Hace poco, una mujer del público se enojó cuando cuestioné la misión "Hijos", se puso de pie muy seria y me dijo:

–Yo no creo que sea así, porque cuando definiste la meta afirmaste que era algo alcanzable. Yo tengo veintiocho años de experiencia como madre, y creo que hasta el último día de nuestra vida seguimos educando a nuestros hijos, tratando de ayudar y de acompañar, ocupándonos de dejar patrones de conducta. No es una meta sino una misión, porque nunca está cumplida.

–¿Tú tienes hijos? —le pregunté.

–Sí —me contestó.

–¿De qué edades?

–Veintiocho, veintisiete y veinticinco años.

–¿Y los sigues educando?

–¡Siempre!

Reconozco que estuve cruel:

–Pobres... —le dije.

Entonces le expliqué mi desacuerdo:

–En principio, no creo que tengas que seguir educando a tus hijos de por vida, y en nombre de ellos te pido que lo pienses de nuevo; no sea cosa que a falta de un sentido mejor terminemos por utilizarlos para no quedarnos sin rumbo.

Un montón de personas en la sala aplaudieron. ¿Hijos? ¿Padres?

Ojalá que ambos.

## Una vez encontrado el rumbo, ¿dura para siempre o va cambiando?

Hace muchos años escribí un libro titulado *Cartas para Claudia*.[1] Quienquiera que lo lea hoy se va a encontrar con el texto de un jovencito que sostiene con un poco de soberbia su postura hedonista como si fuera la única posibilidad de la raza humana.

Digo allí literalmente: "Lo que me da placer tiene sentido y lo que no me da placer no lo tiene".

Yo no había pensado en nada de esto que pienso ahora, y entonces, obtuso pero coherente, escribí: "Y si no tiene sentido, no lo hago".

Para mí era el único camino posible y mi experiencia vivencial me lo confirmaba a cada paso.

Transcurrieron los años y un día empecé a darme cuenta de que estaba haciendo cosas muy placenteras pero no era feliz. En mi mundo era inexplicable.

Aumenté la apuesta (más placeres y más intensos)... sin éxito.

Concluí entonces que aquello que hacía ya no era placentero y dejé de hacerlo... La situación se agravó.

Algo estaba pasando. ¿Pero qué...?

Estaba perdido.

El placer ya no era suficiente para darle sentido a mi vida. El *para que vivo* debía ser actualizado.

Empecé a darme cuenta de cómo mis preferencias iban cambiando; cómo mi escala de valores se había modificado. Comprendí, por ejemplo, que era más importante para mí quedarme escribiendo solo en casa que la más placentera de las salidas a bailar con los amigos.

Una vez encontrado el nuevo rumbo, la crisis pasó (y no tan misteriosamente volví a sentir el placer de encontrarme con mis amigos, aunque ése no fuese mi mayor propósito).

Pero tuve que aceptar que *algunas actividades trascendentes no eran placenteras.*

Ir a Chile después de una semana bastante complicada, cuando estaba muy cansado y con el estómago revuelto, no era placentero. Sin duda, era más placentero quedarme en mi casa durmiendo. No necesitaba el dinero, ni siquiera el aplauso. No necesitaba nada. ¿Qué era lo verdaderamente placentero? Quedarse. ¿Qué era lo trascendente? Lo finalmente hice: subirme al avión y cruzar la cordillera; como lo fue un mes antes viajar de Buenos Aires a Mendoza y de

Mendoza a San Juan para dar una charla a niños sordomudos; como lo fue después renunciar a una parte de mis vacaciones para presentar mi libro editado en México.

¿Lo volvería a hacer?

Sí, claro que lo volvería a hacer. Me sentí muy feliz aunque estaba dolorido, molesto e incómodo.

### Yo quiero todo

Todos queremos un poco de todo. Queremos *placer*, una *misión*, el *poder*, la *trascendencia*.

Estas búsquedas son humanas y todas nos pertenecen. Sin embargo, para cada uno de nosotros, en este momento hay una que es más importante que las otras.

Y hay que saber cuál es, no sea cosa que a la vuelta de la esquina, tu propia vida te obligue imprevistamente a elegir.

Sentado en la computadora escribiendo este libro, me pregunto:

1. ¿Es placentero hacerlo?

Sí, verdaderamente me da mucho placer, la paso muy bien.

2. ¿Forma parte de algo que yo podría diseñar como una misión?

La verdad que sí. Tiene que ver con abrir caminos para otros, con mi postura docente.

3. ¿No da un poco de poder?

Sí. Estar en un lugar supuesto del que sabe es un espacio de poder y encima recibo dinero por hacerlo (una cierta cuota adicional de poder).

4. ¿Y no implica acaso cierta trascendencia?

Sí, claro, sin duda.

Es lógico entonces que me sienta feliz escribiendo. Las cuatro búsquedas están satisfechas con lo que hago.

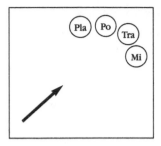

Pero si en determinado punto cada uno de estos deseos me empujara en una dirección, se haría imperioso saber cuál es en este momento la más importante para mí.

Yo decidiré, cuando llegue ese momento, si quiero significar mi vida en la búsqueda del placer, de la misión, del poder o de la trascendencia.

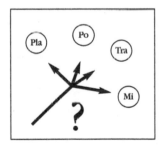

Es mi decisión y nadie puede tomarla por mí.
Sobre todo porque no resulta.

> **Para hacerte responsable de tu felicidad,**
> **tienes que aceptar que el sentido depende de ti.**

Tendrás que decidir cómo encolumnar tu camino en el rumbo elegido.

Se puede estar de acuerdo o no con este esquema, que es mi manera de pensar la felicidad. Lógicamente, cada uno puede pensarla desde otro lugar. Es más, cada uno tiene y debe cuestionar el esquema propuesto para pensar si le sirve, tomar lo que le sea útil y descartar el resto. Pero, si de algo les sirve, traten de contestarse la pregunta principal: *para qué viven.*

Si la respuesta es "no lo sé", entonces, de verdad, ocúpense de buscarla.

*Porque si ustedes no le pueden dar un sentido a su vida, su vida quizá deje de tener sentido.*

Lo digo con absoluta responsabilidad y dolor por lo que estoy diciendo.

Darle un sentido a mi vida significa decidir para qué vivo; y no hace falta que la respuesta coincida con ninguno de los grupos de mi esquema. La verdad es que les tiene que importar un bledo lo que yo diga y cómo agrupe los sentidos.

Yo quiero que ustedes se pregunten para qué viven y que tengan una respuesta, que sepan que la vida de cada uno tiene un propósito.

Y una vez que decidan cuál es ese propósito, por favor, sean capaces de dar su vida por él.

Sean capaces de encolumnar su camino tras ese propósito, y no dejen que nada los distraiga.

No se dejen distraer por lo que otros dicen que debería ser, por lo que otros dicen que es mejor.

No se dejen convencer de que hay propósitos más elevados, más nobles, mejores que otros.

*Sean fieles a ustedes, no sólo porque eso es parte del camino hacia la felicidad, sino porque es la única manera de vivir una vida que, como digo siempre, valga la pena.*

Un día, Andrés Segovia salía de un concierto y alguien le dijo:

–Maestro, daría mi vida por tocar como usted.

Andrés Segovia dijo:

–Ése es el precio que pagué.

Hay que ser capaz de dar la vida por algo, aunque no sea por lo más importante de ella, sino cualquier cosa que sea.

No muriéndose, que es fácil, sino viviendo para eso.

Darle sentido a nuestra vida, darle a la vida una vuelta de tuerca.

Aunque la vida me haya golpeado, me haya tumbado y lastimado mandándome muy lejos, si yo puedo encontrar todavía que mi vida tiene un sentido, arañando, arrastrándome, pidiendo ayuda, qué sé yo cómo, quizá pueda empezar a volver.

"Es fácil decirlo, pero frente al dolor, frente a la enfermedad, frente a la muerte, ¿de dónde se saca la fuerza y la motivación para querer volver?"

Les voy a contar una historia que, según dicen, le pasó a Moses Mendelssohn, el abuelo del músico.

Moses era un joven que vivía en una ciudad judía, despreciado por el resto de la comunidad por su pobreza y su falta de posibilidades. Sumado a lo familiar, Moses era más despreciado todavía porque había nacido con una deformación en la columna que marcaba en su espalda y en su postura una joroba verdaderamente desagradable.

Era muy buen hombre, inteligente, noble, pero no era un tipo exitoso.

Un día, escapando de las persecuciones antisemitas, llega a su pueblo una familia judía bastante bien avenida, con una hija llamada Esther, realmente preciosa.

Cuando Moses Mendelssohn la ve, queda fascinado y

advierte rápidamente que tiene que hacer algo para establecer contacto con ella, para hablarle, para conocerla.

Entonces, encolumnando su vida con su decisión —ya no con su rumbo, sino con su decisión—, empieza a mover contactos, incluso llega a trabajar gratuitamente para alguien que le promete conseguir una manera de conectarse con la familia: afinar el piano que estaba en la mansión donde ella vivía.

Así consigue Moses entrar en la casa y esa noche lo invitan a cenar. Durante la velada, él se las ingenia para sacar el tema del destino, y entonces se implanta la discusión sobre si existe un destino o si no existe, si las cosas están predeterminadas o si no lo están y demás.

Moses Mendelssohn dice:

–Yo no tengo ninguna duda de que la vida está predeterminada, sobre todo, con quién uno va a hacer pareja, con quién uno va a armar una familia.

Esther lo mira con desconfianza; nunca había pensado siquiera en hablar con alguien que tuviera este aspecto tan deplorable, pero le interesa mucho lo que dice, y le pregunta:

–¿De verdad lo crees?

–¿Cómo no lo voy a creer? —dice Moses. Me pasó a mí.

–¿Cómo que te pasó a ti? —pregunta Esther.

Entonces Moses responde:

–Antes de nacer me encontré cara a cara con mi ángel guardián y él me dijo: "Una mujer muy buena, muy noble, de gran corazón, va a ser tu esposa, y con ella vas a tener muchos hijos". "¿En serio? —dije yo—, ¿pero por qué esa mujer tan noble se va a fijar en mí... si yo voy a nacer en una familia pobre, sin apellido ni dinero?" Y el ángel me contestó: "Esa mujer se va a fijar en ti porque hay algo guardado para ella también: va a tener una horrible joroba que le va a deformar la espalda". Entonces le dije al ángel: "Una mujer tan noble y tan buena no merece tener una deformación en la espalda, dame a mí la joroba y deja a la mujer libre de ella".

Cuenta la historia que Esther se casó con Mendelssohn para parir tres hijos, quienes les dieron cuatro nietos, uno de ellos científico y otros tres músicos.

Uno de ellos, llamado Moisés, en honor de su abuelo escribió una pequeña sinfonía llamada "El afinador de pianos"...

Te contesto ahora. "¿De dónde se saca la fuerza para seguir?" Muchas veces el amor puede ser una respuesta.

*Tal vez ni sepas por dónde empezar a buscar el camino, pero lo que importa es no detenerse.*

Que no te quedes parado esperando que el camino se ilumine...

Que no te quedes parado esperando que alguien venga a buscarte...

Que no te quedes parado esperando que el sentido de tu vida llegue a tu vida.

En todo caso, lo importante es que te comprometas con aquello que hoy decidas que es tu camino, con aquello que hoy decidas que le da sentido a tu vida, aunque te equivoques, aunque tengas que estar corrigiéndolo permanentemente.

Aunque todos los Bucay del mundo estén en desacuerdo, lo importante es que sepas qué sentido tiene tu vida, y que te comprometas con él.

Porque, indudablemente —y aunque no te guste—, la única persona en el universo que va a estar contigo hasta el último día... eres tú mismo.

Queridísimo lector, queridísima lectora... lo que sigue en el libro es complementario; lo importante es que puedas contestar afirmativamente a esta pregunta:

*¿Ya sabes para qué vives?*

# Bienestar, psicología y felicidad

## Disfrutar la vida

"Anatomía de un día maravilloso"

*Todo salió redondo, como si lo hubiera planeado.*

*El despertador no se trabó. Al bañarse quedaba jabón en la regadera, y el agua no se enfrió. El pan no se quemó. Su hijo lo besó espontáneamente. Consiguió asiento en el micro. Llevó paraguas y llovió. Vio una mujer hermosa y ella lo miró. Le dijeron que era simpático. Cobró el sueldo entero, sin descuentos. Alguien le contó un chiste nuevo, y era bueno. No olvidó las llaves. El perro saltó para saludarlo. Su equipo de futbol ganó 2 a 0. Un amigo lo invitó a una fiesta. Su esposa le había cocinado su plato favorito y después de cenar le confesó que tenía ganas de hacer el amor con él.*

*Así, en un mismo día, todas las publicitadas cosas simples de la vida aparecieron rendidas a sus pequeños pies humanos.*

*–¿Esto es suficiente para ser feliz? —le preguntó la luna.*

*Él la miró de reojo, esbozó una sonrisa de compromiso y susurró lentamente:*

*–No, pero es una gran ayuda para seguir adelante.*

De un mail enviado por un lector uruguayo

La palabra *disfrutar* proviene, y no por casualidad, de la palabra *fruto*.

*Disfrutar* quiere decir tomar del árbol de la vida sus más preciados frutos y saborearlos; saborear el hecho de vivir.

Qué estúpido sería tomarnos el trabajo de hacer crecer un árbol y después no permitirnos siquiera tomar esos frutos para sentir su sabor.

Qué idiota suena el trabajo de hacer crecer los frutos que uno nunca comerá, ni dejará para que otros coman, ni regalará a nadie para que disfrute, ni pondrá a disposición de quien los precise.

A veces me resulta muy triste hablar con gente que me llama al consultorio, me escribe una carta o me cruzo circunstancialmente, gente que me cuenta que se ha pasado toda la vida preparando el terreno, toda la vida aireando la tierra, toda la vida comprando abonos y fertilizantes, toda la vida consiguiendo semillas más y más sofisticadas, toda la vida viajando a buscar los fertilizantes más caros, y los tutores más específicos, gente que ha gastado fortunas en planes de riego y tiempo incontable en su sacrificio personal, y ha cuidado esas plantas renunciando a muchas cosas, hasta verlas crecidas. Gente que ahora, que encuentra esos árboles allí, con los frutos prontos... ahora, no se anima a comer de ellos.

Qué estúpida esencia la del ser humano cuando obra de esta manera.

Qué imbécil idea de lo que es la vida hacer crecer el fruto para luego no darse el permiso de disfrutarlo.

Qué bueno sería animarse a saber que aquello que le da sentido a la siembra es poder disfrutarla, o poder compartirla, o poder decidir cederla para que otro la disfrute.

Hace muchos años, en mi libro *Recuentos para Demián*,[1] me permití recrear una historia que siempre me ha impactado mucho, la historia de Eliahu.

En un oasis escondido entre los más lejanos paisajes del desierto, se encontraba el viejo Eliahu de rodillas, al lado de unas palmeras datileras.

Su vecino Hakim, el acaudalado mercader, se detuvo en el oasis para que sus camellos abrevaran y vio a Eliahu sudando mientras parecía escarbar en la arena.

–¿Qué tal, anciano? La paz sea contigo.

–Contigo —contestó Eliahu sin dejar su tarea.

–¿Qué haces aquí, con este calor y esa pala en las manos?

–Estoy sembrando —contestó el viejo.

–¿Qué siembras aquí, bajo este sol terrible?

–Dátiles —respondió Eliahu mientras señalaba el palmar a su alrededor.

–¡Dátiles! —repitió el recién llegado, y cerró los ojos como quien escucha la mayor estupidez del mundo con comprensión. El calor te ha dañado el cerebro, querido amigo. Ven, deja esa tarea y vamos a la tienda a beber una copa de anís que traigo conmigo.

–No, debo terminar la siembra. Luego, si quieres, beberemos...

–Dime, amigo. ¿Cuántos años tienes?

–No sé... Sesenta, setenta, ochenta... No sé... Lo he olvidado. Pero eso, ¿qué importa?

–Mira, amigo. Las datileras tardan más de cincuenta años en crecer, y recién cuando se convierten en adultas están en condiciones de dar frutos. Yo no te estoy deseando el mal, y lo sabes. Ojalá vivas hasta los ciento un años; pero tú sabes que difícilmente podrás llegar a cosechar algo de lo que hoy estás sembrando. Deja eso y ven conmigo.

–Mira, Hakim, yo he comido los dátiles que sembró otro, alguien que no pensó en comerlos. Siembro hoy para que otros puedan comer mañana los dátiles que estoy plantando... Aunque sólo fuera en honor de aquel desconocido, vale la pena terminar mi tarea.

-Me has dado una gran lección, Eliahu. Déjame que te pague esta enseñanza que hoy me has dado de la única manera que puedo —y diciendo esto, Hakim puso en la mano del viejo una bolsa de cuero llena de monedas.

-Te agradezco tus monedas, amigo.

Eliahu se arrodilló y tiró las semillas en los agujeros que había hecho mientras decía:

-Los caminos de Alá son misteriosos... Ya ves, tú me pronosticabas que no llegaría a cosechar lo que sembrara. Parecía cierto y, sin embargo, fíjate lo que sucedió, todavía no he acabado de sembrar y ya he cosechado una bolsa de monedas, la gratitud y la alegría de un amigo.


Y amo este cuento porque descubrí al escucharlo que también mi disfrute puede ser tu disfrute, que también gozo viendo a otros disfrutar de lo que yo planté.

Descubrí que es indudablemente un privilegio poder hacer crecer un árbol y terminar, por decisión, regalando sus frutos. Sembrar para que alguien (importante como uno mismo) pueda recoger la cosecha y entonces darse cuenta de que ésa es quizá la mejor razón para la siembra.

Descubrí, alguna vez, que quería ayudar a otros a encontrar su camino.

## Limitaciones de la terapia

> Uno se siente inclinado a pensar que la pretensión de que el hombre sea "feliz" no está incluida en el plan de la Creación.
>
> Sigmund Freud

La mitad de los psiquiatras y psicólogos del mundo han trabajado toda su vida para conseguir que el individuo desarrolle *control* sobre sus emociones y pensamientos, mientras que la otra mitad investigaba únicamente cómo conseguir de parte del paciente una *conducta* eficaz, más allá de lo que éste pensara o sintiera.

De cara al tratamiento, la psicoterapia fue encontrando puntos infinitos entre estas dos tendencias, fundando cerca de cuatrocientas escuelas terapéuticas diferentes con otras tantas explicaciones y propuestas distintas respecto del dolor y el sufrimiento humanos.

Prescindiendo de otros elementos (seguramente tan importantes como éstos) se podría esquematizar la utilidad de la ayuda terapéutica considerando los factores que dependen de las tres instancias fundamentales de una terapia: el paciente, el terapeuta y el proceso en sí.

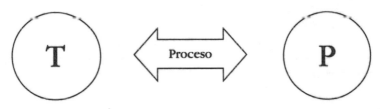

Dicho esto, no puede sorprendernos ahora que las dificultades para que efectivamente una terapia se transforme en un buen vehículo hacia la felicidad se planteen en tres campos:

*a)* Las limitaciones del paciente
*b)* Las limitaciones del terapeuta
*c)* Las limitaciones del proceso terapéutico

### Del paciente

Sería mejor dejar de tararearse tantas mentiras y cantarse algunas verdades, dice Mario Benedetti.

Y muchas veces la mayor limitación que aporta el paciente en el consultorio es su firme decisión de NO querer saber la verdad.

Creo que viene siendo hora de pensar en función de la realidad.

Porque la verdad abre la puerta a la vida que vale la pena vivir.

La vida que se vive intensamente.

La vida que se vive dignamente.

La vida que se vive plenamente.

Que, por otra parte, es la única vida que tiene sentido ser vivida.

Puede ser, como dicen algunos, que haya otras vidas después de ésta.

Puede ser, como dicen otros, que vengamos de muchas vidas anteriores.

Pero es indiscutible que este paso nuestro por el mundo, la única vida de la cual tenemos conciencia absoluta, es irrepetible.

Y entonces, vale la pena vivirla de verdad.

En el camino que transitamos hacia una vida auténtica, habrá momentos penosos y encontraremos miles de obstáculos. Pero si no me animo a sobrellevar esas penas y a superar estos obstáculos, quizá me quede a mitad de camino.

La gran maestra chilena, la doctora Adriana Schnake (o la Nana para los que, como yo, hemos conocido la Gestalt con ella), nos enseñó el arquetipo de un neurótico.

Un hombre va caminando en dirección a una ciudad y se encuentra con un río.

El neurótico mira el río, pone cara de fastidio, se sienta al costado del camino se queja en voz alta:

Aquí no debería haber un río...

La ciudad debería estar de este lado...

Alguien debería haber construido un puente...
Aquí debería haber una barca...
El río no debería ser profundo...
Yo debería haber nacido del otro lado...
El río debería haber sido desviado...
Debería haber una soga gruesa de lado a lado...
Alguien debería cruzarme...
Nunca debería haber venido...

La vida de un neurótico —muchas veces nuestra vida— consiste en quedarnos anclados en el lamento y la queja declamando que algo debería haber sucedido de manera diferente.

### Aceptación y compromiso

Para llegar a ser feliz hay que empezar por *aceptar* la verdad y terminar comprometiéndose con ella.

Si vives pensando cómo deberían estar siendo las cosas para poder disfrutarlas, entonces no hay conexión con lo real y sin ello no hay una verdadera vida.

*Sólo puedo disfrutar de aquello que puedo aceptar tal como es.*

La felicidad consiste en permitir que los sucesos sucedan, decía Virginia Satir.

Aceptar que las cosas son como son.

No hay aceptación, obviamente, cuando sigo enojado con lo que sucede.

Por ejemplo, si yo estuviera enojado porque hago este libro sobre la felicidad y no sobre otra cosa, no habría disfrute posible en lo que escribo.

Si tú, que lo estás leyendo ahora, te pusieras furioso porque yo digo algo que no quieres que diga, entonces no hay goce posible en tu lectura.

No estoy diciendo que deba gustarte, estoy pidiéndote que no te enojes.

No estoy discutiendo si está bien o mal tal o cual cosa, ni siquiera estoy hablando de aplaudir ni de acordar, me refiero simplemente a *aceptar*.

Hay mucha distancia entre *aceptar* y *estar de acuerdo*.

*Aceptar* significa darme cuenta de que algo *es* como *es*; dejar de pelearme con eso *porque es así* y, a partir de dejar de pelear, decidir si quiero o no hacer cosas para que cambie (por ejemplo, porque deseo que una situación sea diferente).

Por supuesto, en las relaciones interpersonales, la *aceptación* es la llave que empieza a abrir la puerta del vínculo.

Si yo no puedo aceptarte tal como eres, no puedo disfrutar de tu compañía.

Si yo quiero que seas diferente, entonces no voy a poder disfrutar de estar contigo, ni ahora ni nunca.

Un desafío del paciente es darse cuenta de que este vínculo sano que se establece con el terapeuta puede repetirse afuera, en la vida real.

Como ya dije, la otra condición de una vida verdadera es el *compromiso*.

La vehemencia que pongo al escribir esto es un ejemplo de lo que quiero mostrar.

Escribo esto comprometidamente. Más allá de que tú coincidas conmigo, más allá de que estés en absoluto desacuerdo con esto que escribo, ésta es mi opinión.

Mi compromiso es mi manera de decir las cosas tal como yo las creo.

Y habrá que tener cuidado para no dejarse convencer, porque el compromiso hace sonar todo tan convincente que uno siempre tiende a pensar que el otro está diciendo una verdad incuestionable. Siempre que escuchamos a alguien comprometido con lo que dice lo sentimos verdadero.

Esto que escribo suena verdadero porque lo escribo así, comprometidamente.

Pero tu compromiso es preguntarte: "Esto que escribió el tarado ese parece cierto... ¿será cierto?",

tu compromiso es no dejarte engañar,

tu compromiso es desconfiar de "los que saben",

tu compromiso es cuestionar cada cosa y ratificarla o no.

El paciente debe comprender que toda terapia requiere de su compromiso *antes* de llegar, *durante* el proceso y, sobre todo, *después* del alta.

De qué sirve darte cuenta de tu verdadero sueño si después dejas la terapia diciendo que seguir adelante te traería problemas.

De qué sirve poner a la luz toda la basura que guarda nuestro subconsciente si después nos escapamos cerrando los ojos o postergando para nunca la tarea de limpieza.

Éste es el desafío del paciente si realmente quiere que su terapia lo ayude a ser feliz:

*Aceptar que su camino está lleno de condicionamientos que muchas veces le impiden ser quien es.*

*Comprometerse a limpiar ese camino permanentemente.*

*Conectarse con la humildad de quien acepta que para esa tarea puede necesitar ayuda.*

### Del terapeuta

Casi todos los terapeutas afirman en la intimidad que la mayoría de los colegas no es especialmente competente.

Esto no se debe, estoy seguro, a que cada psicoterapeuta desprecie a los demás, sino a varias dificultades que todos percibimos para una buena tarea de un profesional de la salud.

Estas dificultades rondan tres hechos: *a*) la discusión eterna de la psicoterapia como arte o como ciencia; *b*) los perfiles y la capacidad específica desarrollada por los terapeutas para encarar ciertos temas; y *c)* las falencias detectadas en la formación de muchos colegas y no colegas dedicados a la asistencia psicológica.

## a) La psicoterapia: ¿un arte o una ciencia?

En la introducción de su libro *Psicoanálisis y existencialismo*, Viktor Frankl llama a los psicoterapeutas actuales "la generación escéptica". Sostiene que nos hemos vuelto tan cautelosos, tan desconfiados de los colegas y de nosotros mismos, tan dudosos del significado de nuestros éxitos y de la validez de nuestros conocimientos, que ya ni siquiera podríamos encontrar una respuesta aceptable a la pregunta central de toda psicoterapia: ¿qué es salud mental?

Ni hablemos de las más sofisticadas interrogantes al estilo: ¿qué significa curar a un paciente? O más difícil todavía: ¿cómo actúa la psicoterapia?

Este replanteamiento dista mucho de ser una postura de humilde modestia.

Desde los cuestionamientos de *La falacia de Freud* ya no es un secreto que cualesquiera que sean los métodos y técnicas que se utilicen, se mejoran considerablemente más de las tres cuartas partes de los pacientes que visitan a cualquier terapeuta. ¿Significa esto que hay que despreciar la psicoterapia? ¿O más bien confirma la postura de Alexander, cuando decía que en todas las formas de la psicoterapia, la personalidad del terapeuta es su instrumento primordial?

Se debe tener cuidado con este concepto, porque en la línea de ver la psicoterapia como un simple arte se abren de par en par las puertas a la astrología, el tarot, la angeloterapia y la charlatanería.

Ciertamente, también deberíamos cuidarnos del extremo opuesto. Porque pensar el acto terapéutico como la instrumentación de una técnica científica compleja que, ejecutada con precisión, lleva al consultante al resultado deseado, podría asimilar el proceso de la terapia a un cursillo de control mental.

Me parece obvio que la psicoterapia es la suma de ambas cosas: un arte y una ciencia.

Dependiendo de la inclinación de cada escuela psicoterapéutica, en uno u otro extremo aparece un amplio espectro de cientos de posturas, modelos y terapeutas.

Los más cercanos al extremo inspirado creerán y trabajarán en el desafío del encuentro existencial (Jaspers y Binswanger), mientras que los más próximos a lo científico-técnico seguramente se apoyarán en la teoría de la transferencia en el sentido psicoanalítico o en técnicas como el entrenamiento autógeno de Schultz.

*Es indudable que, por muy dotado que sea el profesional, la terapéutica exigida deberá depender en gran medida de la peculiaridad del paciente y de su dolencia o consulta.*

Parafraseando la famosa frase de Beard: "Cuando un médico trata de la misma manera dos casos de la misma enfermedad, con toda seguridad está tratando mal por lo menos a uno de los dos".

Según coincide la mayoría de los terapeutas, el método psicoterapéutico que se elija es una ecuación con dos incógnitas, puesto que no se puede aplicar el mismo accionar en todos los pacientes ni toda intervención puede ser ejecutada por cualquier terapeuta (evidentemente, ningún médico puede dominar de igual manera todas las técnicas).

¿Deberíamos a la luz de estas ideas ocultar las diferencias entre los diversos métodos terapéuticos individuales?

No (pero no deberíamos exagerar su importancia). Se trata de darse cuenta de que ninguna escuela psicoterapéutica puede ya ser excluyente de las otras.

¿Significa esto que debemos caer en un eclecticismo dudoso y barato, y adoptarlo como sistema?

Dudoso y barato, NO.

Eclecticismo... Sostengo que sí.

En la antigüedad, hubo un sabio estudioso de la Biblia que decía no creer en Dios.

Un día, mientras leía un versículo del libro sagrado tratando de interpretarlo, un hombre del pueblo entró en la biblioteca.

–Gran maestro —le dijo—, ¡qué gusto encontrarlo! Hace mucho que deseaba conocerlo, porque yo soy ateo como usted.

–Ahh... qué bien —dijo el maestro. Quizá puedas ayudarme en el análisis de este texto bíblico...

Y le extendió el libro en su dirección.

El hombre se apartó diciendo:

–¿Yo...? No, yo no sé nada de la Biblia.

–¿Leerás entonces el Corán? —preguntó el anciano.

–¿El Corán? No.

–Te dedicarás por entero al Talmud, entonces...

–No, yo no tengo tiempo para esas cosas. Además soy ateo.

–No te equivoques —dijo el sabio. Tú no eres ateo, tú eres simplemente ignorante.

---

No estoy por el eclecticismo de quienes lo declaman
porque saben poco, sino por el de aquellos
que lo practican porque saben mucho.

---

*b) Perfil y capacidades específicas del terapeuta*

Ser un buen psicoterapeuta exige no sólo el conocimiento de la psicología, sino sabiduría y cierta condición de aptitud innata para comunicarse con la gente, dos cualidades difíciles de encontrar en cualquier persona. Es evidente que se requiere más talento social para ser un buen psicoterapeuta que para ser un buen odontólogo. Un odontólogo precisa mucho conocimiento y gran destreza manual, pero no necesita comunicarse fácilmente con la gente, ni poseer una gran sabiduría ni un profundo sentido común (de hecho, conozco muy buenos odontólogos que carecen de estas dos características con la misma intensidad con la que todos los terapeutas que he conocido carecen de los rasgos indispensables para ser odontólogos).

## Psicología, genética y biología

Está demostrado que hemos nacido con un cerebro genéticamente dotado de ciertas pautas de comportamiento instintivo; estamos predispuestos mental, emocional y físicamente a responder adecuadamente para sobrevivir.

Este conjunto básico de instrucciones innatas se encuentra predeterminado en pautas de activación neuronal y en combinaciones comunicacionales específicas entre diferentes zonas del cerebro que actúan en respuesta a cualquier acontecimiento, experiencia o pensamiento dado. Pero el cableado de nuestro cerebro no es estático, ni está fijado de modo irrevocable. Nuestros cerebros también son adaptables. Los neurólogos han documentado el hecho de que el cerebro es capaz de diseñar nuevas pautas, nuevas combinaciones de células nerviosas y neurotransmisores, nuevas formas de mandar mensajes entre las células nerviosas en respuesta a nuevas informaciones. Las nuevas ciencias están comprobando cada día que el viejo concepto de un cerebro que envejece irremediablemente e incapaz de desarrollar nuevas neuronas (con el cual hemos sido entrenados todos los médicos de mi generación) es absolutamente falso y obsoleto.

Hoy se sabe que nuestro sistema nervioso central (cerebro incluido) está mucho menos "momificado" de lo que se pensaba hace veinte años. Somos efectivamente capaces de cambiar, de recomponer y de fabricar conexiones intercerebrales al ritmo de nuevas formas de pensar o de nuevas experiencias. La última buena noticia (muy buena de hecho para algunas patologías y enfermedades degenerativas, así como para miles de lesionados cerebrales) es la confirmación de que existe la posibilidad de que se sigan desarrollando ilimitadamente nuevas neuronas.

Los doctores Karni y Underleider demostraron, con mapeos cerebrales continuos, que las áreas cerebrales que intervienen en una tarea de aprendizaje de cualquier tarea motora se desarrollan y se expanden gradualmente a medida que el sujeto se vuelve más eficiente y rápido. Esto parece confirmar que la práctica regular de una tarea crea nuevas células y establece nuevas conexiones neuronales. Estas redes, verdaderos sistemas adquiridos, modifican y amplían las "consecuencias" de cada nuevo aprendizaje y multiplican los efectos del desarrollo del individuo.

En un conocido experimento, David McCelland —psicólogo de la Universidad de Harvard— mostró a un grupo de estudiantes una película sobre la Madre Teresa trabajando entre los enfermos y los pobres de Calcuta. Los estudiantes declararon que la película había estimulado sus sentimientos amorosos y solidarios. Una semana más tarde, se analizó la saliva de los estudiantes y se descubrió un incremento en el nivel de inmunoglobolina A, un anticuerpo que ayuda a combatir las infecciones respiratorias y a proteger el organismo.

Medicina y logoterapia

> *En un periodo de crisis mundial como el que estamos experimentando, los médicos tienen necesariamente que ocuparse también de la filosofía. La gran enfermedad de nuestra época es el hastío y la falta de propósito.*
>
> Profesor W. Farnsworth,
> Universidad de Harvard

Al médico, y sobre todo al psicoterapeuta, se le plantean preguntas de naturaleza no propiamente médica, sino filosófica, para las que probablemente esté poco preparado.

Hay pacientes que acuden al psiquiatra porque dudan del sentido de sus vidas, o incluso porque se desesperan por hallarle algún propósito a la vida misma. En ese contexto, Frankl habla de *frustración existencial*:

> En sí mismo no se trata de ninguna patología —aclara el genial logoterapeuta—, pero si vamos a considerarla una neurosis, estamos ante un nuevo tipo de neurosis, al que he llamado "neurosis noógena".

Esta falta de propósito o pérdida del rumbo constituye el verdadero motivo de consulta (explícito o no) de más de cuarenta por ciento de los pacientes que concurren a los consultorios psicoterapéuticos de Inglaterra y Estados Unidos, según estadísticas coincidentes que proceden de Harvard y de Columbus.

Un médico que no sea capaz de diferenciar entre esta frustración y las neurosis clásicas estará renunciando a la más poderosa herramienta para ayudar a los pacientes: la orientación del hombre en su escala de valores y el establecimiento de un propósito para su vida.

A diferencia de lo que sucede con los neuróticos psicógenos, en el caso de estos pacientes nunca es válido pensar en términos de evitar las tensiones. No es cuestión de equilibrio estático a cualquier precio, sino, más que nunca, de homeostasis (la autorregulación dinámica del individuo como un todo).

## c) *La formación del terapeuta*

Paradójicamente, muchos de los que consiguen obtener una licencia para trabajar como terapeutas no han necesitado

EL CAMINO DE LA FELICIDAD

forzosamente demostrar su sabiduría, su sentido común, su intuición, ni su inteligencia. Mirando sus antecedentes con detenimiento asumimos que sólo han acreditado con certeza perseverancia y un poco de memoria. Como si esto fuera poco, demasiados psicoterapeutas ingresan a su profesión como almas perturbadas en busca de soluciones para sí mismos. Una condición derivada de un mecanismo de defensa que el psicoanálisis llama "formación reactiva". El mismo que lleva a muchos individuos con tendencias asesinas a volverse carniceros o cirujanos (y esto NO quiere decir que todos los carniceros ni todos los cirujanos sean descuartizadores en potencia), a muchos delincuentes potenciales y de los otros a estudiar abogacía, y a muchos hipocondriacos a estudiar medicina.

## Acompañar al que sufre

La función del terapeuta en cuanto asistencial se significa desde el origen de la palabra[2] en el acompañamiento al que sufre, al enfermo, al paciente (el que padece).

Si sumamos esto a las limitaciones expresadas en el párrafo anterior, no es de extrañar que muchos colegas inexpertos hayan avalado esta curiosa postura acerca de lo que "prueba" el interés por el prójimo: el sacrificio.

La idea que se nos ha legado es que tu verdadero amigo, aquel que sinceramente te ama, a quien le importas, es aquel que puede acompañarte en tus peores momentos, el que puede llorar contigo cuando sufres, el que puede sufrir contigo cuando penas, el que puede hacerte compañía en tus momentos más duros.

"Porque es muy fácil —dice la gente— estar al lado de alguien cuando está contento; lo difícil es acompañarlo cuando sufre."

Qué cosa... ¿no? Mi experiencia personal me dice que es exactamente al revés.

Es muy fácil para el que llora encontrarse con alguien que lo acompañe, que le ponga la mano en el hombro y le diga: "¡Pobrecitooooo!".

No se necesita consultar a un terapeuta para eso.

¡Es tan fácil que alguien se apene de uno! Basta moverse un poquito y buscar a la persona indicada.

Por ejemplo, si uno se pone a llorar en medio de la Plaza de Mayo, diez personas se acercan y dicen: "¡Poooobre! ¿Qué le pasa? ¿En qué lo puedo ayudar?".

En cambio, si uno se echa a reir a carcajadas en medio de la plaza, no se acerca nadie. Y si llega a acercarse alguien es para preguntar: "¿Y usted de qué se ríe, idiota?".

> Es más difícil encontrar a alguien que pueda disfrutar lo que disfruto, que encontrar a alguien que sea capaz de padecer todo lo que padezco.

Nuestro padecimiento es tan universal, tan genérico, que nos duelen casi las mismas cosas; así que encontrar a quien le duela lo que a mí me duele, es sencillo, es sólo cuestión de ocuparse.

Siempre puedo, aunque más no sea, apenarme de tu pena.

Puedo acompañarte buscando mi pena interna para acompañar la tuya.

Pero con la alegría y el disfrute, casi siempre aparecen los problemas.

Nuestra manera de disfrutar es tan personal...

De hecho, antes de elegir un compañero de ruta, es recomendable evaluar los siguientes parámetros:

- ¿Le causan gracia la mayoría de las cosas que me parecen graciosas?
- ¿Será capaz de reirse con las mismas cosas que me río yo?

- ¿Será capaz de divertirse conmigo de las cosas que a mí me divierten?
- ¿O cada cosa que a mí me divierta será dramática para él y muchas de las cosas que para mí son dramáticas para él serán motivo de risa?

Así como el dolor compartido se achica, el placer compartido se multiplica.

"Pero... ¿no hace falta penar juntos?"

También.

"¿No estamos juntos para acompañarnos en nuestra soledad?"

También.

"¿No hace falta que transcurramos y transitemos juntos algunos lugares dolorosos?"

Sí, poquitos, y como camino al disfrute.

"¿No es así como funciona la ley de compensaciones?"

Voy a animarme a contarte un cuento un poquito grosero, pero no puedo evitarlo... porque no hay manera mejor de explicar la falacia de la validación de la mencionada "ley".

A un señor de unos setenta y ocho años le llega por correo una propaganda de un geriátrico que se llama Instituto Geriátrico El Paraíso. Viene con un folleto maravilloso, sensacional, donde hay fotos de una playa privada, habitaciones con jacuzzi, una vista soñada, un edificio de cinco estrellas, mesas impresionantes, barra libre, bufete...

El anuncio dice:

APERTURA EN ARGENTINA: POR PRIMERA VEZ, DIRECTAMENTE DE LOS PAÍSES NÓRDICOS, LLEGA HASTA USTED EL PRIMER GERIÁTRICO. PRECIO PROMOCIONAL: $ 250 POR MES.

El señor lee todos los servicios otra vez y piensa:

"Claro, debe haber un error... ¿Cuánto valdrá? Debe ser 250 por día. A ver, si cobré ayer los 400 pesos de la jubilación y le agrego 100 de la reservita, podría ir por dos días... Bueno, pero quizá valga la pena pasar cuarenta y ocho horas ahí."

Entonces llama por teléfono.

–Mire, me llegó el folleto de la institución... ¿cuál es el precio en realidad?

–250 pesos por mes.

–No, no el precio por mes —insiste.

–250, señor.

–¿En qué moneda...?

–En pesos, señor, 250 pesos por mes, fijos.

–¡No puede ser!

–¿Quiere venir a verlo, señor? ¿Por qué no se anima?

–¿Dónde queda?

–A diez kilómetros de la capital.

El tipo llega. Entra: "Buenas, buenas". Le muestran los lugares, las fotos...

Entonces dice:

–¡Pero esto es maravilloso! ¿250 pesos por mes?

–Sí, sí.

–Pero, ¿qué hay que hacer?

–Nada, tiene que pagar 250 pesos y lo ubicamos...

–Claro, esto se va a llenar de gente.

–No crea, no tanto.

–¿Por qué no? —pregunta el anciano.

–Porque éste es un geriátrico nudista.

–¿Nudista?

–Sí, nudista. Y como ustedes, los argentinos, son tan conservadores en esto, no creemos que vaya a tener mucho éxito...

–¿Y por qué es tan barato?

–Bueno... es una promoción de Finlandia. Quieren promocionar ciertas investigaciones que están haciendo, programas para la vejez, y han decidido instalar aquí una sede con estas características.

–¿Todo es nudista?

–Todo, todo... los pacientes, el personal de enfermería, médicos, personal de asistencia... todos desnudos.

El viejito dice:

–¡Qué cosa!, ¿no?

–¿A usted le molestaría?

–¡No! ¡Para nada!

–Bueno, son 250 pesos.

El viejo, muy contento, paga. Llega a la habitación, se saca la ropa, queda desnudito... sale al jardín donde los pacientes y el personal están desnudos. ¡Está encantado! Ve la pileta de natación con agua climatizada. Se tira, nada... ¡Espectacular! Se sienta a tomar sol. Y entonces pasa una recamarera con una bandeja, desnuda también, exuberante, bellísima, y le dice:

–Señor, ¿algo para tomar?

El anciano la mira... y, de repente, tiene una respuesta lógica, casi olvidada en él... ¡una erección! Y cuando esto ocurre... ¡PRRRRRÍÍÍ!, suena un silbato y aparece Juan Carlos, que es uno de esos cuidadores grandotes, con bigotes, bronceado. El tipo le dice imperativo:

–¡Señor! ¡Eso está en contra del orden establecido para la calma de este lugar!

–Es que yo no lo pode evitar... pasó la chica... —se excusa el viejito.

–¡No se preocupe! —dice el cuidador y se dirige a la recamarera. ¡Mónica! ¡Ocúpese del señor!

Entonces Mónica se lleva al viejo hasta un cuarto, cierra la puerta, lo recuesta en una camilla, se le sube encima, y... pungui, pungui, pungui... ¡Maravilloso!

–No sé cómo pagarle... —dice el anciano.

–Quédese tranquilo, señor, está todo incluido. Cada vez que usted me necesite, no tiene más que llamarme.

BIENESTAR, PSICOLOGÍA Y FELICIDAD

-¡Muchas gracias! —exclama el viajo asombrado, y sale.

A la hora de comer se dirige al restaurante, donde hay comidas típicas: francesa, italiana, judía, árabe, argentina; barra libre de champagne, whisky, cerveza, vino. Todo sin pagar ni una moneda. El tipo come, disfruta muchísimo y piensa: "Éstos están locos, no van a durar ni dos días. Yo voy a aprovechar mientras dure". Entonces come en abundancia, sale y se recuesta en el jardín. De repente... una flatulencia. Juan Carlos hace sonar su silbato... ¡PRRRRRÍÍÍ!

-Señor, eso está en contra del orden y la preservación ecológica.

-Es que yo no lo pude evitar... terminé de comer y... —se excusa otra vez el viejito.

-¡No se preocupe! —dice el cuidador y, dirigiéndose al gigantesco negro de la regadera en la mano, ordena:

-¡Horacio! ¡Ocúpese del señor!

Horacio es ahora el que se lleva al viejo hasta el cuarto, cierra la puerta, lo recuesta en la camilla y le pasa un enema de tres litros de crema de bismuto tibia.

-No sé qué decirle... —comenta el anciano.

-Quédese tranquilo, señor, está todo incluido. Cada vez que usted me necesite, no tiene más que llamarme —contesta Horacio.

-Gra... gracias —dice el viejo.

Agarrándose el trasero va hasta su cuarto, se viste, recoge sus cosas y se dirige a la recepción.

La señorita de la entrada lo ve venir con sus cosas y pregunta:

-¿Qué pasa, abuelo?

-Me voy —dice el hombre.

-¿Por qué, abuelo?

El hombre le cuenta lo que le pasó con Mónica y lo que le pasó con Horacio y agrega:

-¡Esto no es para mí!

–Pero abuelo, piense en la ley de compensaciones —dice la recepcionista en tono sugerente—, está Horacio con el enema pero también está Mónica.

–Ése es el problema, yo no puedo vivir aquí pensando en la ley de compensaciones, yo siempre prefiero evaluar por la otra ley, la de costo y beneficio.

–No entiendo —dice la joven.

–Le explico, querida. Yo puedo tener con suerte tres erecciones por año, pero con toda seguridad se me escapan por lo menos dos pedos por día.


Y vuelvo al tema: con o sin compensaciones, si nunca vamos a disfrutar de las mismas cosas, si no vamos a poder saborear los mismos frutos, si no somos capaces de sentir juntos el placer de estar vivos, entonces vamos a terminar separándonos.

Ninguna ley de compensaciones sirve para sostener los vínculos, menos un vínculo amoroso, menos aun el vínculo terapéutico.

Qué triste sería plantearse la construcción de una relación importante, una amistad, una pareja, una familia, un *vínculo terapéutico*, sólo con aquellos que sean capaces de acompañarme exclusivamente en mis momentos más oscuros.

*Es determinante para cualquier relación trascendente que el otro sea capaz de acompañarme, también y sobre todo, en los momentos más alegres, solamente así podrá estar en los instantes cruciales.*

El terapeuta debe aceptar que no es nada más que un experto en calamidades ni solamente un acompañante ideal para los momentos difíciles.

Este legado siniestro, como yo lo llamo, no fue dirigido a diseñar el papel del terapeuta, pero lo ha influido.

Son prejuicios que están dentro de las limitaciones del

terapeuta. Por eso señalo en este capítulo la necesidad de librarse de ellos.

Cuando no podemos reirnos juntos de nada, nunca hay encuentro.

*No nos hemos encontrado para sufrir juntos, sino para caminar juntos.*

## Del proceso terapéutico

En nuestra formación psiquiátrica, nadie escuchó demasiadas veces la palabra *felicidad*. Al referirnos a los objetivos terapéuticos, naturalmente hablamos de la forma de aliviar los síntomas de depresión o ansiedad del paciente, de cómo resolver los conflictos internos y de los problemas de relación, pero nunca se menciona como objetivo expreso alcanzar la felicidad.

Por lo general, la psicoterapia se dirige a los obstáculos psicológicos que se interponen en el camino hacia lo que buscamos, y se supone que cuando es completamente eficaz acaba con todos ellos.

Sin embargo, a pesar de la enorme ayuda que representaría librarse de todos los obstáculos, eliminarlos casi nunca alcanzará para hacernos felices, así como curarnos de una pierna rota no nos hace estrellas de patinaje artístico.

## Psicología y razón

Aun entre los terapeutas de formación más sólida, es indudable que desde el enfoque occidental todo se orienta a determinar el origen de los problemas y, por lo tanto, los modos de analizar cada situación están siempre impregnados de nuestra fuerte tendencià racionalista que, como es obvio, parte de la suposición (no siempre acertada) de que todo puede explicarse.

171

Para terminar de perder el camino, nuestro razonamiento muchas veces se apoya en determinadas premisas que damos por indiscutibles cuando no lo son.

La psicología ha demostrado que existen condicionamientos educativos, por lo general no demasiado conscientes, y muchos hábitos ligados a ciertas experiencias de nuestra historia que han dejado huellas indelebles en nuestra mente.

Como se supone que todo tiene explicación dentro de esta vida, cuando no se encuentra la causa de ciertos comportamientos o problemas, *aparece la tendencia a localizarla siempre en el contenido oculto, olvidado o reprimido de nuestro inconsciente.*

Y es hasta cierto punto bastante lógica esta dispersión...

*Si por alguna razón decidiera yo que la llave que busco está forzosamente dentro de este armario y a pesar de mi convicción no la encontrara, concluiría con seguridad en la idea de que existe un compartimiento secreto en el mueble.*

Para algunos colegas, estos determinantes ni siquiera pertenecen a nuestra historia inconsciente, sino que corresponden a condicionamientos y huellas dejados por vidas anteriores.

Sinceramente, creo que existe en algunos de nosotros —psicoterapeutas, psicoanalizados o ambas cosas— una tendencia a subrayar en exceso el papel del inconsciente a la hora de buscar el origen o la explicación de nuestros problemas, que si bien están atados a los condicionamientos que nos esclavizan, no están necesariamente vedados a nuestra mirada, ni son independientes de nuestra decisión de librarnos de ellos.

Un avión no deja de poder desplazarse por la pista, exactamente igual que como lo haría un automóvil, pero sólo se actualiza como avión cuando se eleva en el aire, es decir, en el espacio tridimensional. De la misma manera, si bien el hombre es un ser humano, también es algo más que un ser humano: es una persona, y esto implica una dimensión más sumada a la de su autonomía: la de su libertad.

> Evidentemente, la libertad del hombre
> no es una libertad de condicionamientos biológicos
> o psicológicos, es la libertad para tomar posición
> ante todos los condicionamientos
> y elegir el propio camino.

## Felicidad y espiritualidad

Muchas personas esperan demasiado de la psicoterapia, y ella por sí sola no puede con demasiadas cosas.

No puede, por ejemplo, garantizar nuestra felicidad.

Ésta es la razón principal por la que tanta gente se persuade de que la psicología no tiene fin y de que la religión es lo único que necesita para ser feliz, puesto que la religión sí puede dar un sentido y un propósito y, al hacerlo, abrir el camino para acercarnos a la felicidad.

No estoy en desacuerdo ni quisiera molestar a nadie, sólo me importa dejar establecido, para avanzar en mi punto, que a veces la religión tampoco es suficiente.

La felicidad que algunas personas sostienen que se puede lograr exclusivamente a través de la religión es a menudo producto de un planteamiento superficial de *la vida sobre la que no se reflexiona.*

Pero una persona feliz es mucho más que un animal satisfecho. Una persona feliz es totalmente consciente de sí misma.

No me parece sensato sostener que Dios me creó sólo para llegar a tener la satisfacción de los animales y mucho menos para no ser feliz.

He conocido a algunas personas que se dicen religiosas (¿lo serán?), que han conquistado su sencillez y ausencia de

173

dobleces renunciando a vivir en el mundo real, despreciando la importancia de conocerse a sí mismas o a su entorno y utilizando los valiosos conceptos de la fe solamente para buscar consuelo o protección.

Desde el episodio transgresor de Adán y Eva junto al árbol del conocimiento, parece claro que estamos aquí para aprender tanto como podamos acerca de nosotros mismos y de la vida.

El desafío divino, tal como lo veo desde fuera del paraíso, es el de conseguir ser felices y capaces de ayudar al prójimo aun después de tener ese conocimiento.

*Utilizar la religión como un escudo para protegernos del conocimiento de nosotros mismos es hacer un falso uso de la religión, que sólo termina por distorsionarla.*

*Utilizar la psicología para saltear nuestras necesidades espirituales es pedirle a la psicología que se haga cargo de aquello que como ciencia no conoce y no maneja.*

*Puede ser que algunos fanáticos religiosos intenten moldear la religión* según su perturbada psiquis. Pero existen también los mejores religiosos, los más sanos psicológicamente, aquellos capaces de encontrar en la psicología algunas verdades y aplicarlas a sí mismos y al mundo.

*Puede ser que algunos fanáticos psicoterapeutas intenten moldear la psicología* según su perturbada postura de fundamentalismo ateo. Pero existen también los profesionales de la salud religiosamente sanos, sean o no creyentes, capaces de encontrar en la espiritualidad la importancia de algunas búsquedas y ocuparse de ellas para sí mismos y para sus pacientes.

## Camino de la felicidad

*La felicidad es siempre un camino de suma.*
Sumar espiritualidad y ciencia.

Sumar reflexión y acción.

Sumar intelecto y sentimiento.

Sumar lucha y aceptación.

Sumar ética y comprensión.

Y, sobre todo, lo más difícil, sumar pasión y templanza. De hecho, la crónica de la conquista de la felicidad podría ser la historia de cómo cada uno ha conseguido mantener sus pasiones sin caer en los excesos de lo irracional, una especie de mesura apasionada. Siempre me gusta alertar sobre el sentido distorsionado de las palabras. En nuestro mundo, que sobrevalora la fuerza de las pasiones aunque les teme, mucha gente asocia la moderación con el tedio. Y si bien es cierto que en ocasiones la vida mesurada puede parecer tediosa, esto no cambia el hecho de que cierta templanza sea esencial para la felicidad.

Pero esta mesura, como dije, debe *sumarse* a la pasión, al entusiasmo y a la diversión.

*Una vida sin estos elementos no es una vida moderada, es el ascetismo.*

*Una vida sin ningún rastro de templanza no es una vida placentera, es la locura.*

> Una vida que sume puede ser el primer ladrillo para construir una vida feliz.

Como venimos diciendo, una vida feliz sólo se construye si encima de ese primer ladrillo podemos colocar con claridad una flecha que señale el rumbo que hemos decidido darle a nuestra existencia.

Un terapeuta debería tener tomada una decisión sobre el sentido de su vida.

Y yo soy un terapeuta.

Por el momento, lo que le da sentido a mi vida es la búsqueda de trascendencia.

Posiblemente esta búsqueda me haya llevado a salirme de las cuatro paredes del consultorio; posiblemente me empujó a dar conferencias abiertas; posiblemente me haya arrastrado hasta la televisión, y muy posiblemente sea también la razón fundamental por la que escribo este libro.

Pero esta trascendencia no es la de la gloria ni la del aplauso, es la de la necesidad de transmitir lo que pienso, lo que creo, lo que aprendí de otros más sabios que yo, que me enseñaron.

Seguramente sea también esa búsqueda de trascender la que me impulsó a escribir hace poco esta última "Carta para Claudia":

Antes de morir, hija mía, quisiera estar seguro de haberte enseñado...

A disfrutar del amor,
a confiar en tu fuerza,
a enfrentar tus miedos,
a entusiasmarte con la vida,
a pedir ayuda cuando la necesites,
a permitir que te consuelen cuando sufras,
a tomar tus propias decisiones,
a hacer valer tus elecciones,
a ser amiga de ti misma,
a no tenerle miedo al ridículo,
a darte cuenta de que mereces ser querida,
a hablar a los demás amorosamente,
a decir o callar según tu conveniencia,
a quedarte con el crédito por tus logros,
a amar y cuidar a la pequeña niña dentro de ti,
a superar la adicción a la aprobación de los demás,

a no absorber las responsabilidades de todos,

a ser consciente de tus sentimientos y actuar en consecuencia,

a no perseguir el aplauso sino tu satisfacción con lo hecho,

a dar porque quieres, nunca porque creas que es tu obligación,

a exigir que se te pague adecuadamente por tu trabajo,

a aceptar tus limitaciones y tu vulnerabilidad sin enojo,

a no imponer tu criterio ni permitir que te impongan el de otros,

a decir que sí sólo cuando quieras y decir que no sin culpa,

a vivir en el presente y no tener expectativas,

a tomar más riesgos,

a aceptar el cambio y revisar tus creencias,

a trabajar para sanar tus heridas viejas y actuales,

a tratar y exigir ser tratada con respeto,

a llenar primero tu copa y, sólo después, la de los demás,

a planear para el futuro pero no vivir en él,

a valorar tu intuición,

a celebrar las diferencias entre los sexos,

a desarrollar relaciones sanas y de apoyo mutuo,

a hacer de la comprensión y el perdón tus prioridades,

a aceptarte así como eres,

a no mirar atrás para ver quién te sigue,

a crecer aprendiendo de los desencuentros y de los fracasos,

a permitirte reir a carcajadas por la calle sin ninguna razón,

a no idolatrar a nadie, y a mí... menos que a nadie.

*Jorge Bucay*

# ¿Y después qué?

## Teoría de los planos superpuestos

Esta teoría de los planos superpuestos, más o menos inventada por mí, tiene —según lo entiendo— una conexión directa con el título de este capítulo.

Todos nosotros, en algún momento de nuestras vidas, nos hemos dado cuenta de que en el plano en el que sucedía nuestro acontecer éramos tan sólo un puntito minúsculo aquí, abajo y a la izquierda.

Nos sentíamos como una basurita, una nada al lado del plano general que en realidad formaba todo lo que nosotros veíamos de los demás y de la historia.

Todos empezamos por sentirnos alguna vez un granito de arena insignificante en un cosmos inalcanzable.

Y empezamos a asumir que había mucho por recorrer, si uno quería, de verdad, emprender el camino del crecimiento.

Entonces, con más o menos énfasis, con más o menos ahínco, empezamos a recorrerlo. Al principio así, de un tirón, sin escalas... Hasta que un día, mas o menos por aquí, resbalamos y caímos hasta el comienzo.

Para seguir debimos volver a empezar.

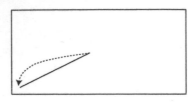

Y aprendimos, sin maestro, que el camino hay que hacerlo escalonadamente.

Dos pasos para adelante, uno para atrás; tres pasos para adelante, uno o dos pasos para atrás.

Y así, con paciencia, trabajo, esmero y renuncia, fuimos recorriendo todo el camino de nuestro plano.

Recorriendo nuestro camino del crecimiento, en dirección ascendente.

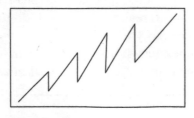

Hasta que un día llegamos arriba. Ese día, si te diste cuenta alguna vez de haber llegado, es glorioso. Y con toda seguridad te sentiste realmente maravilloso.

Miraste el camino recorrido, te diste cuenta de lo padecido, sufrido y perdido en el trayecto, y descubriste cómo, a pesar de ello, no te cabía duda de que valía la pena todo lo pasado para estar acá. Seguramente porque estar aquí arriba, un poco por encima de otros muchos, es halagador, pero también y sobre todo, por saber que estás muy por encima de aquel piojito que fuiste.

Es bueno, muy bueno estar acá.

Los demás, que recorren sus propias rutas en el plano que andan por acá, por ahí o por allá, te miran, se dan cuenta de que has llegado, te vuelven a mirar, te aplauden y te dicen:

—¡Qué bárbaro! ¡Qué bien! ¿Cómo llegaste? ¿Cómo hiciste?

Y tú les dices:

—Bueno.., qué sé yo... —un poco para esconder en la modestia tu falta de respuesta.

Ellos insisten:

—¡Ídolo! ¡Dinos!

Y tú te sientes único y el peor de tus egos vanidosos se siente reconfortado de estar por encima. El ego explica:

—Bueno. Primero hay que hacer así, después hay que ir por allá...

Pasa el tiempo y te das cuenta de que este lugar, el del aplauso, es maravilloso, pero que uno no puede quedarse así, quieto para siempre.

Entonces empiezas a recorrer otros puntos del plano.

Vas y vienes, porque ahora con más facilidad controlas y manejas todo el plano. Puedes bajar, entrar, descender y volver a llegar. Recorres cada punto del plano y vuelves otra vez arriba, y todos los demás aplauden enardecidos.

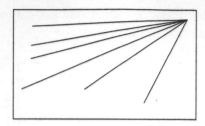

Entonces te das cuenta de que te quedan unos milímetros de plano más por crecer, y piensas:

"Bueno, ¿por qué no...? Total, no me cuesta nada..."

Y avanzas un poco más hasta quedar pegado al límite superior del plano.

Y la gente aúlla enfervorizada.

Y sientes que empieza a dolerte un poco el cuello, aplastado contra el techo del plano.

La gente grita:

–¡Ohhh!

Entonces... en ese momento... nunca antes, haces el descubrimiento.

Ves algo que nunca habías notado hasta entonces.

Te das cuenta de que en el techo hay un acceso oculto, una especie de puerta trampa que sale del plano. Una abertura que no se veía desde lejos, que se ve nada más que cuando uno está allá arriba, en el límite máximo, con la cabeza aplastada contra el techo.

Entonces abres la puerta, un poquito, miras.

Nada de lo que se ve estaba previsto.

Lo primero que notas es que la puerta tiene un resorte y que al soltarla se vuelve a cerrar sola inmediatamente.

La segunda cosa que adviertes es muchas veces shockeante: la puerta descubierta conduce a otro plano, que nadie mencionó nunca.

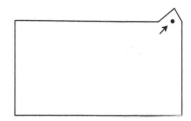

Es tu primera noticia. Siempre pensaste que este plano era el único; y el lugar donde estabas, tu máximo logro.

"Ahhh... hay otro plano por encima de éste."

Piensas.

"¡Se podría seguir...! Mira qué interesante."

Y entonces asomas la cabeza por la puerta y te das cuenta de que el plano al cual llegaste es tanto o más grande que el otro.

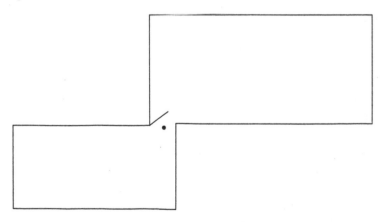

Miras casi instintivamente del otro lado y ves que del lado del nuevo plano la puerta no tiene picaporte. Esto significa, y lo comprendes rápidamente, que si decidieras pasar, el resorte cerraría la puerta y no podrías volver. Y te dices en voz alta:

—No, ni loco.

Cierras otra vez la puerta y te quedas lo más campante, una hora, dos horas, tres días, tres años, no importa cuánto.

Y un día te das cuenta de que te estás aburriendo infinitamente; te da la sensación de que todo es más de lo mismo y que no hay nada nuevo por hacer y que podrías seguir.

Entonces otra vez vuelves a abrir la puerta y pasas un poquito más de cuerpo. Trabas la puerta con el pie y giras para decirles a los que están cerca:

—Oigan, vengan conmigo que vamos a explorar el otro plano.

Los que te escuchan, que no son muchos, dicen:

—¿Qué otro plano?

—¿Qué me dices?

Intentas explicar:

—El que descubrí yo, está por acá, pasando la puerta...

—¿Qué puerta?

—Si no hay ninguna puerta.

—¡¿De qué estás hablando!? —dicen todos.

Está claro. No pueden entender.

Y entonces, aterrizas en el gran desafío: si te animaras a pasar de plano, deberías pasar solo. Ninguno de los amigos que has cosechado acá puede pasar contigo. Cada uno podrá pasar sólo cuando sea su tiempo, que no es éste, porque éste es el tuyo, solamente el tuyo.

—Solo no paso —sentencias.

Porque duele dejar a todos de este lado. Dejar atrás a los que quieres y a los que te quieren:

—Los espero —les prometes sin que sepan.

Pero el tiempo se estira, el cuello te duele y el tedio se vuelve casi insostenible.

Y aguantas.

Y te inventas consuelo.

Y renuncias a ciertos pensamientos y a muchos impulsos.

Y te aburres de tu vida que para los otros es fantástica.

Y nadie te entiende.

Y todo pierde sentido e importancia.

Hasta que un día, imprevistamente, en un arranque, lo haces.

Traspasas la puerta, ésta se cierra como ya sabías y te encuentras en el nuevo plano.

Los que quedaron atrás creen que eres un modelo para ellos.

Te piden consejo, se lo das; te cuentan sus problemas y los escuchas; pero nadie puede entender los tuyos; simplemente estás en otro plano.

No es un mérito, es un suceso.

Los del plano anterior aplauden cada vez más y vitorean tu nombre, pero ya casi no los escuchas. Quizá porque no necesitas tanto de su admiración.

Miras de frente el nuevo plano. Sientes un extraño déjà vu.

Otra vez estás acá.

Estás solo.

Solo, triste, temeroso y a ratos desesperado.

¿Por qué todo esto?

Por una sencilla razón: otra vez te sientes una basurita insignificante.

Y para peor, una basurita con conciencia y recuerdo de haber sido casi un Dios.

"Allá era aplaudido por todos los demás, aquí no me conoce nadie.

EL CAMINO DE LA FELICIDAD

"Antes tenía a todos mis amigos a mi alrededor, desde aquí ninguno de ellos entiende siquiera lo que digo.

"He perdido todo lo bueno de aquello para ganar esto, que lo único que tiene de bueno es la perspectiva."

A ratos, por qué negarlo, aparece una especie de arrepentimiento.

En algún momento, cuando empezaste a asomarte, tus mejores amigos te dijeron:

—¿A dónde vas?

—¿Acaso no estás bien aquí?

—Quédate.

—Quizá debiste escuchar un poco más.

—Quizá te apresuraste.

Les contestaste:

—Ustedes no entienden, están equivocados.

Quizá no estaban equivocados.

Pasas del arrepentimiento al autorreproche.

Ellos siguen en su lugar disfrutando y tú aquí, en pena.

Has pasado voluntariamente de la gloria máxima de ser el ídolo de todos a ser el último piojo de este plano nuevo.

¿Quién era el que estaba equivocado?

En este punto yo creo que nadie está equivocado, porque no es un tema de aciertos y errores.

Hay momentos, hay tiempos, hay oportunidades en cada una de nuestras historias.

Afortunadamente, el desasosiego dura poco.

Después de todo, ya no hay nada que puedas hacer.

Para bien o para mal este nuevo lugar es el mejor sitio para estar.

No hay equivocados, hay situaciones diferentes, y planos diferentes.

El día anterior a recibirme de médico, yo era el más aventajado de los alumnos de la facultad. Yo era el tipo al que todos los demás alumnos consultaban. Era en la guardia del

Haedo el practicante mayor de la guardia, y todos los demás eran "perros", como se llamaba a los que hacían el trabajo duro de los practicantes.

En el instituto de cirugía Luis H. Güemes donde yo trabajaba, mandaba y mandoneaba en mi última guardia, el 15 de mayo de 1973. Me recibí de médico ocho días después, el 23 de mayo. *Al día siguiente* en el mismo hospital, yo era el *último perro* de los médicos, el que hacía las guardias que nadie quería hacer, el que tomaba a los pacientes con vómito, el que tenía que pasar la noche en guardia, el que no salía a comer, el último piojo del tarro, donde no me ayudaba nadie, ni siquiera los practicantes, que en realidad dependían de otro médico, o del nuevo practicante mayor.

Eran los efectos indeseables del cambio de plano.

¿Hubiera sido mejor no recibirse?

Yo estoy seguro de que no, pero puedo entender por qué pensé que sí.

La cuestión de cómo hacer para volver atrás va dejando lugar a otras preguntas mucho más trascendentes de cara al futuro.

*¿Y ahora qué?*

¿Habrá que recorrer todo el plano una vez más, para llegar arriba y descubrir otro plano?

Seguramente.

Y sabes, aunque luego lo olvides, que habrá un nuevo techo más adelante y una nueva puerta y un "nuevo plano".

¿Tendrá sentido seguir hacia arriba?

¿Hasta cuándo?

¿Infinitamente?

¿Hasta dónde?

Yo digo: hasta que decidas detenerte.

Cada uno puede decidir quedarse donde quiera.

En este plano, en aquel, en el próximo, en la mitad del que sigue...

Yo no critico a nadie que decida quedarse en un plano, sólo aviso que el camino del crecimiento es infinito.

Necesito decirte que creo que el crecimiento vale la pena, pero que *la pena* es inevitable.

Quizá ahora quede más claro por qué sostengo que hay caminos que son *imprescindibles*.

Para animarse a pasar de plano hay que estar convencido de que dependo de mí mismo, hace falta haberse encontrado comprometidamente con aquellos de quienes aprendí y hay que saber, mientras caminamos juntos, que probablemente nos separemos en algún momento.

Y aunque casualmente lleguemos con alguien al cambio de plano, dejar atrás lo conquistado significa perderlo y esto convoca a un duelo.

Crecer es un beneficio pero implica una pérdida, aunque no sea más que la de la ingenuidad de la ignorancia... y no es un tema menor.

Cada cambio de plano implica un duelo pero también, como hemos visto, cada duelo importante de nuestra vida conlleva un cambio de plano.

Para pasar de plano hay que tener valor, claro que sí, pero sobre todo hay que confiar en uno mismo.

Tengo que confiar en mí si quiero separarme de lo que traigo.

Debo apostar por mí si pretendo vivir una vida desapegada.

Tengo que confiar en que la pérdida que me toca vivir es, en realidad, una puerta y la apertura de un crecimiento mayor.

Tengo que confiar en que hay algo mejor después de esto.

Tengo que confiar en que el plano que sigue me enseñará lo que necesito saber.

Tengo que desconfiar de la vanidad que me cuestiona

por renunciar a ser el ídolo de todos los que quedaron allí atrás.

Tengo que animarme a pasar por esto si quiero seguir creciendo.

*Crecer sin que la altura me haga perder de vista lo importante.*

*Y lo importante... es la vida.*

La Madre Teresa de Calcuta escribió:

> La vida es una oportunidad, aprovéchala.
> La vida es belleza, admírala.
> La vida es dulzura, saboréala.
> La vida es un sueño, hazlo realidad.
> La vida es un reto, afróntalo.
> La vida es compromiso, cúmplelo.
> La vida es un juego, disfrútalo.
> La vida es costosa, cuídala.
> La vida es riqueza, consérvala.
> La vida es un misterio, devélalo.
> La vida es una promesa, lógrala.
> La vida es tristeza, sopórtala.
> La vida es un himno, cántalo.
> La vida es un combate, acéptalo.
> La vida es una tragedia, enfréntala.
> La vida es preciosa, jamás la destruyas.
> Porque la vida es la vida, vívela.

Cuando abandones este plano que hoy transitas, quedarán en ti todos los recuerdos de lo vivido, pero perderás casi todo lo que conseguiste en tu relación con los demás, casi todo lo que cosechaste de tu vínculo con los otros.

Eres el mejor amigo de todos, pero nadie es tu amigo. Todos cuentan contigo, pero tú sientes el dolor de no tener nada más que ver con ellos.

No siempre sucede así, pero hazte esta imagen.

Tengo que aceptar que hay una pérdida que llorar, y soy yo el que tiene que hacer el duelo.

Cuando paso, el otro no pierde nada, ni siquiera a mí.

Yo soy el que deja todo, hasta el placer narcisista de ser "uno de los que llegó".

Y no es que aquel lugar de allá arriba fuera un lugar para humillar a los demás, pero sin duda era más factible alardear desde allí que desde el nuevo plano. Después de pasar no estás para ufanarte frente a nadie, sobre todo con esa sensación de ser otra vez insignificante.

Quizá ni sabes que estás en otro plano, de pronto ni sabes qué pasó, lo cierto es que de repente empezaste a sentirte poca cosa, como hace tanto.

Y, por supuesto, no estás para proclamarlo, ni para exhibirlo, en todo caso sólo para padecerlo.

Pero desde el plano anterior, alguien parece entender lo del pasar y se anima a decir:

—Estás en otro plano, ¡qué bárbaro! Eres un iluminado.

Y tú le dices honestamente:

—¿Quién? ¿Yo iluminado? Si me siento una nadita, incapaz de todo.

Y los demás se asombran de tu humildad.

Aunque, por supuesto, no todos se quedan en el asombro.

Algunos pícaros han escuchado a los que pasaron de plano decir que no son, que no saben, que no pueden, y encuentran en la frase una manera de disimular su vanidosa pretensión de recibir los halagos reservados a los modestos hombres sabios.

A veces, mostrarse poca cosa es una manipulación, un manejo exhibicionista construido para impresionar a los giles (como se dice en mi barrio), para el afuera.

Y no es de los que están al tope del plano anterior; ésos pueden alardear con lo que son. En todo caso se lo han ganado.

Los manipuladores son los chatos, los acomplejados, los oscuros intrascendentes de siempre.

Quiero decir, también este "no soy nadie" puede ser una sombría manipulación, una declaración de los vanidosos que, conociendo la humildad de los iluminados, compiten para decidir quién es el más humilde y dejar supuestamente establecido entonces quién es el más iluminado.

Ningún pueblo valora tanto la inteligencia y el conocimiento como el pueblo judío, es cierto. Pero también es verdad que ningún pueblo se burla tanto de sus falsos sabios e iluminados como ellos, quizá para demostrar su auténtica sabiduría, la que deviene de reírse de uno mismo.

En un barrio de la ciudad judía de Lublin, se encuentran tres hombres muy importantes de la comunidad: el rabino del barrio, el rabino del pueblo y el gran rabino de toda Polonia.

Están los tres en un bar, tomando té, mientras Schimel, el mozo, barre el piso. De pronto, el rabino del barrio suspira y dice en voz alta:

–Cuando pienso en Dios, me siento tan poca cosa...

El rabino del pueblo no quiere quedarse atrás de tanta demostración de humildad, y entonces levanta la taza y dice:

–Brindemos por tu buena fortuna. Te sientes poca cosa, ¡qué suerte! Cuando *yo* pienso en Dios, me siento nada... nada.

El gran rabino de toda Polonia escucha a estos dos, piensa un minuto y dice:

–Los escucho y me lleno de envidia. Ustedes se sienten poca cosa o nada... Cuando yo pienso en Dios, me siento... menos que nada.

Se produce un gran silencio. Sólo se escucha el sonido de la escoba del pobre Schimel de Lublin.

Los tres miran al mozo, que deja de barrer y los observa azorado.

Los rabinos le preguntan:

–¿Qué tienes para decir?

El pobre recuerda lo que los tres hombres más importantes y sabios de Polonia acaban de proclamar y piensa que si ellos se sienten poca cosa, nada y menos que nada, ¿qué quedaría para él?

Sin saber qué decir, Schimel simplemente se encoge de hombros.

Los tres se miran, miran al mozo, que sigue encogido de hombros.

Y al unísono le gritan ofendidos:

–¡Y tú, quién te crees que eres?


Concluyo.

¿Hasta dónde se sigue creciendo?

Yo no sé si es malo elegir quedarse en algún lugar halagador y no querer avanzar. Digo que querer seguir forma parte de nuestra naturaleza.

Me parece irremediable.

El biólogo Dröescher dice que sólo se puede estar en dos momentos: creciendo o envejeciendo. El precio de quedarse clavado en la historia sin crecer más es empezar a envejecer.

Si ésta es la elección, está muy bien.

Pero hay una elección para hacer y es absolutamente personal.

Nadie decide por ti dónde te quedas.

Tú eliges hacia dónde y tú decides hasta cuándo, porque tu camino es un asunto exclusivamente *tuyo*.

# Epílogo

Éste es el camino final

hasta aquí puedo llegar yo
a veces, no siempre
hasta aquí pudiste llegar conmigo
cuanto más avanzamos
más fácil se hizo volver a la senda
y más hermoso se volvió el paisaje
el camino elegido resultó ser el correcto
el camino que se elige es *siempre* el correcto
lo correcto está en la elección, no en el acierto.

Éste es el final.
Éste final es el camino...

## NOTAS

### PALABRAS INICIALES

[1] Hace cinco años pedí a mis lectores que me enviaran un cuento que hubieran escrito. Miles de cartas y correos electrónicos llegaron y mi idea de publicar un libro con ellos ha quedado en el baúl de los imposibles, desbordada por la magnitud de la respuesta. Pero voy a rendir tributo aquí a quienes escribieron reproduciendo esta joyita que me mandó Vivi García y agradecer en ella a todos los que me hicieron llegar sus valiosos escritos.

### LOS TRES CAMINOS PREVIOS: AUTODEPENDENCIA, AMOR Y DUELO

[1] *El camino del encuentro,* Océano, México, 2002.

[2] Las otras cosas que requieren una toma de posición son: *a)* Nuestra relación con la *religión*, la religiosidad y Dios; y no digo que haya que creer o que no, que haya que ser ateo o agnóstico; cada uno será lo que quiera ser, pero tiene que elegir; *b)* una postura respecto de la *muerte*: ¿reencarnación? ¿No reencarnación? ¿Te comen los gusanitos? ¿Sobrevives? ¿Vas al cielo o al infierno...?; *c)* una definición de la *identidad sexual*. No mi vida sexual, no mi actividad sexual, no mi frecuencia ni mi compañía, solamente mi identidad.

### ¿QUÉ ES LA FELICIDAD?

[1] Llegando final e irremediablemente al tríptico de las películas de los años cuarenta: la remanida fórmula de salud, dinero y amor.

[2] Nunca pude olvidar aquella frase que me lastimó el alma cuando la escuché en boca de la maravillosa Tita Merello, quizá la mejor cantante de tangos de la historia argentina. Le preguntaban si era feliz, y Tita (¿desde el personaje o desde la persona?), con la mano en la cintura, de medio perfil y mirando al periodista sobre su hombro desnudo, contestó: "¿De qué me hablas, muchacho? La felicidad es un mito".

[3] *Recuentos para Demián*, Océano, México, 1999.

[4] *Cartas para Claudia*, Océano, México, 2000.

⁵ Pese a que un tonto puede servir de referencia, como enseña el maestro Facundo Cabral, poniendo el ejemplo de la frase escuchada en cualquier fiesta: "¿Quién es aquella hermosa rubia que está sentada al lado del tonto ese?".

⁶ Enunciadas en *Cuentos para pensar*, Océano, México, 2000.

ALGUNOS DESVÍOS

¹ *El camino de las lágrimas*, Océano, México, 2002.

² Para complicar el error, mucha gente pierde de vista que se compara sólo y exclusivamente con las personas que cree más felices, ya sea esta creencia ligada a una observación real o a un imaginario de la felicidad ajena. De hecho, cuanto menos sabemos acerca de las personas con quienes nos comparamos, más dramática resulta la diferencia entre su presunta felicidad y la nuestra.

RETOMAR EL CAMINO

¹ *Cartas para Claudia*, Océano, México, 2000.

BIENESTAR, PSICOLOGÍA Y FELICIDAD

¹ *Recuentos para Demián*, Océano, México, 1999.

² Los terapeutas eran los miembros de una secta judeocristiana que haciendo voto de servicio consagraban su vida a atender a los enfermos en los leprosarios.

# BIBLIOGRAFÍA

Marcos Aguinis, *El elogio de la culpa*, Sudamericana, Buenos Aires, 1996.

Jaime Barylko, *Educar en valores*, Ameghino, Buenos Aires, 1999.

—, *Sabiduría de la vida*, Emecé, Buenos Aires, 2000.

M. C. Betancur, *El día que te quieras*, Plaza y Janés, Bogotá, 1999.

Gracieka Cohen, *Un camino real*, Luz de Luna, Buenos Aires, 2001.

Dalai Lama, *El arte de la felicidad*, Grijalbo Mondadori, Barcelona, 2000.

Albert Ellis, *Usted puede ser feliz*, Paidós, Barcelona, 2000.

Victor Frankl, *El hombre en busca del sentido*, Herder, Barcelona, 1986.

—, *Psicoanálisis y existencialismo*, Fondo de Cultura Económica, México, 1978.

Martin L. Gross, *La falacia de Freud*, Cosmos, Madrid, 1978.

Francisco Jálics, *Aprendiendo a compartir la fe*, Ediciones Paulinas, Buenos Aires, 1979.

Enrique Mariscal, *El arte de sufrir inútilmente*, Serendepidad, Buenos Aires, 1998.

Desmond Morris, *El contrato animal*, Emecé, Buenos Aires, 1990.

Wendy Paris, *Happily Ever After*, Harper Collins, New York, 2001.

Dennis Pragger, *A la conquista de la felicidad*, Norma, Bogotá, 1999.

Carl Rogers, *El proceso de convertirse en persona*, Paidós, Barcelona, 1982.

Fernando Savater, *El contenido de la felicidad*, El País-Aguilar, Madrid, 1994.

Adriana Schnake, *Sonia, te envío los cuadernos café*, Estaciones, Buenos Aires, 1987.

Teresa de Calcuta, *Las enseñanzas de la Madre Teresa*, Libro Latino, Buenos Aires, 1999.

Paul Watzlawick, *Lo malo de lo bueno*, Herder, Barcelona, 1990.

Esta obra se imprimió y encuadernó
en el mes de enero de 2011,
en los talleres de Encuadernaciones Tudela S.L.,
que se localizan en la Crta. de Villaviciosa - Móstoles,
Km. 1 - 28670 Villaviciosa de Odón (Madrid).